Das Überlebensprinzip

Warum wir die Schöpfung
nicht täuschen können

Eva Herman
im Gespräch
mit Friedrich Hänssler

hänssler

Hänssler-Hardcover
Bestell-Nr. 394.884
ISBN 978-3-7751-4884-9

Bildnachweis:
Eva Herman mit E. Paruta © Hans Grimm Pressefoto / Eva Herman mit
Regisseur Harald Schäfer © SULUPRESS.DE/Markus Luem / Eva Herman
auf Wilhelm Wiebens 60. Geburtstag © Eleana Hegerich / Eva Herman
als Moderatorin und Nachrichtensprecherin; DAS-Moderatorenteam vlnr:
Eva Herman, Reinhard Münchenhagen und Bettina Tietjen © Moenkebild /
Eva Herman vor der Sacré-Cœur, Eva Herman mit Blick auf Eiffelturm
© Christian Pantel / Alle anderen Fotos: privat.

Umschlaggestaltung: oha werbeagentur gmbh, Grabs, Schweiz;
www.oha-werbeagentur.ch
Titelbild: dpa
Satz: Satz & Medien Wieser, Stolberg
Druck und Bindung: CPI – Ebner & Spiegel, Ulm
Printed in Germany

Inhaltsverzeichnis

Vorwort

Wie ist Eva Herman ganz persönlich?
Aus welchen Tagesschausendungen und anderen öffentlichen
Auftritten kennen wir sie? Doch kennen wir sie wirklich?
Eva Herman live:

Eine kluge, charmante Frau sitzt mir gegenüber, mit – zugege-
ben – sehr klaren Vorstellungen und Überzeugungen. Eine
Überzeugungstäterin im Wiederholungsfall. Wahrheit und
Klarheit sind ihr wichtig.
   Ohne Propagandistin zu sein. Sie vertritt ihren Stand-
punkt: ruhig, klar, entschieden.
   Natürlich sind Standpunkte angreifbar. Wer keine Über-
zeugung hat, ist nicht für eine Diskussion qualifiziert.

Eva Herman wurde angegriffen, teilweise unter der Gürtel-
linie. Manche haben dies wahrscheinlich inzwischen erkannt,
aber meist noch nicht bekannt. Dazu gehören Mut und Ehrlichkeit.
   Ich, einfach neugierig, war dazu getrieben, der Wahrheit
auf den Grund zu gehen. Antworten zu finden auf die Frage,
wer Eva Herman wirklich ist. Was denkt sie und für was steht
sie?
   Welchen Stellenwert hat »Familie«, der letzte Intimraum
unserer Massengesellschaft, bei Eva Herman? Warum machen manche dieses Familienbild, manchmal fast schon mit
»Schaum vor dem Mund«, so madig? Wenn es so ist, dass mit
einer Kindheit voll Liebe der größte Teil des Lebens in unserer
kalten Welt gut überstanden werden kann, wie stehen wir da
zu Kindern? Schließlich sind Kinder doch keine Krankheit,
sondern Hoffnung. Eine wichtige Frage für mich war auch,

wer so gereizt auf ihre persönlichen Aussagen zu ihrem Glauben reagierte. Warum war das so? Schließlich formulierte der Philosoph Martin Heidegger am Schluss seines Lebens: »Nur Gott kann uns noch retten. Wenn Gott als der übersinnliche Grund und das Ziel aller Wirklichkeit tot ist, dann bleibt nichts mehr, woran der Mensch sich halten und wonach er sich richten kann.« Und selbst für Gregor Gysi ist »eine gottlose Gesellschaft eine schreckliche Vorstellung«.

Im Nachhinein finde ich es zunächst legitim, dann aber auch nachdenkenswert, sogar nachdenkenswürdig, wenn Impulse zur Bewältigung der kritischen Punkte unserer Gesellschaft heute ins Gespräch gebracht werden. Und Fragen sind doch wohl bisher noch erlaubt?

Wie sagte doch Erich Kästner: »Die Fragen sind es, aus denen das, was bleibt, entsteht.«

Eva Herman hat die Fragen offen, direkt und sehr persönlich beantwortet. Vielen Dank dafür! Die Antworten sind lesens- und nachdenkenswert.

Friedrich Hänssler

Das sind die Weisen,
  die durch Irrtum
  zur Wahrheit reisen.
Die im Irrtum verharren,
  das sind die Narren.

Friedrich Rückert

Kinder in Deutschland

Friedrich Hänssler: *Fast zwanzig Jahre lang übermittelten Sie als Tagesschausprecherin allabendlich Schlagzeilen in Deutschlands Wohnzimmer. Heute sorgen Sie selbst für Schlagzeilen, wie geht es Ihnen dabei?*

Eva Herman: Es geht mir gut, danke. Wie sagte der weise Salomon? Alles zu seiner Zeit. Das Leben verläuft in Zyklen, in denen unterschiedliche Dinge ihre Wichtigkeit haben. Ich hatte mein bisheriges Leben nahezu komplett der Karriere und dem beruflichen Erfolg verschrieben. Eine schöne Zeit, mit sehr interessanten und Erfolg bringenden Momenten. Darüber allerdings musste ich, ohne dies zunächst als Hindernis zu erkennen, mein privates Leben häufig sträflich vernachlässigen und habe dafür teilweise auch bitter bezahlt. Heute genieße ich es, mehr Zeit zu haben. Und stelle zunehmend fest, wie gemütlich es sich in der verlangsamten Lebensform auskommen lässt. Meine Familie, mein Mann, mein Sohn und ich, wir verbringen viele Stunden gemeinsam im Gedankenaustausch und Gespräch, in Liebe, im Spiel, im Miteinander. Vorher musste immer alles zack, zack gehen.

Meine zum Teil durch Eruption herbeigeführte Lebensveränderung ging indessen tatsächlich mit unerfreulichen Schlagzeilen einher. Einige Medien, die mich jahrelang hochgejubelt hatten, wollten nun auf keinen Fall respektieren, dass ein Mensch sich angesichts eigener und auch gesellschaftlicher negativer Entwicklungen verändern kann und will, und dass er damit seine herkömmliche Lebensweise hinterfragen muss. Und wenn er die heute allseits gepriesenen Errungenschaften wie Karriere und Erwerbstätigkeit der modernen Frauen dabei in Kritik zieht und seine Selbstdefinition nicht mehr allein über seinen Bekanntheitsgrad und die monatliche Höhe des Gehaltszettels vornimmt, gehört er recht schnell der öffentlichen Katz.

Friedrich Hänssler: Kommen wir gleich zu Ihrem Generalthema: Wie geht es Kindern in Deutschland heute?

Eva Herman: Sehr durchwachsen! Es gibt durchaus viele Kinder, deren Welt weitgehend in Ordnung ist und die ein schönes Leben haben. Bei ihnen herrschen noch mehr oder weniger geordnete Verhältnisse, Mutter und Vater gehören zum selbstverständlichen Familienbild, Papa kommt abends verlässlich nach Hause und unternimmt auch am Wochenende etwas Schönes mit der Familie.

Es gibt allerdings auch zahlreiche Kinder, denen es nicht gut und zunehmend schlechter geht. Abgesehen von vielen Tausenden Kindern, die im heutigen Deutschland kein Dach über dem Kopf haben und auf der Straße dahinvegetieren und oft früh sterben müssen, wächst die Armut der Durchschnittsfamilien weiter durch ungerechte Steuerverteilung und wachsende Kosten. Die Umverteilung stimmt hinten und vorne nicht. Der Druck wird ständig größer, Existenzängste gehören zum täglichen Leben fast schon selbstverständlich dazu. Hinzu kommt, dass das Verständnis für Kinder in unserem Land generell erheblich schlechter ist als in vielen anderen Ländern. In Deutschland befindet man sich auf ausgesprochen kinderfeindlichem Gebiet, auf der Skala der weltweiten Länder sind wir, was Liebe und Verständnis für unseren Nachwuchs angeht, Schlusslicht! Dazu komme ich später im Einzelnen.

Wenn wir also auf der einen Seite feststellen können, dass es in etlichen Familien kinderfreundlich zugeht, so müssen wir doch auch auf der anderen Seite erkennen, dass es gesellschaftspolitisch immer schwieriger wird, die Interessen der Kinder und ihrer Familien in unserer Gesellschaft durchzusetzen. Die Bedürfnisse der Jüngsten stehen nicht im Vordergrund, wenn es um politische Entscheidungen geht. Bei neuen Gesetzesvorhaben werden aufgrund der demografischen Entwicklung vorwiegend die Älteren und Alten bevorzugt, weil sie die wachsende Mehrheit sind. Des Weiteren liegt das politische Richtzentrum auf der Erwerbstätigkeit der Frauen, die nach der Geburt eines Babys möglichst schnell wieder in den Arbeitsprozess eingegliedert werden sollen, um ihre Sozialversicherungs- und Steuerbeiträge selbst zu entrichten. Alles andere ist für den Staat zu teuer. Wenn man sich nur alleine den Kassenstand der Pflege- und Rentenversicherungen ansieht, dann muss man erkennen, dass große Katastrophen auf uns zukommen werden, was die soziale Absicherung der Menschen im Land angeht. Das wissen die Politiker natürlich ganz genau und so wird alles dafür getan, um Frauen aus dem häuslichen Wirkungsfeld zu entfernen, damit sie aktiv beitragen zur Stabilisierung des Staatssystems, das jedoch längst wackelt und so überhaupt nicht mehr zu retten ist. Zudem sind Frauen die billigeren Arbeitskräfte, sie verdienen im Durchschnitt immer noch etwa 23 Prozent weniger als Männer. Diese Probleme stehen also im Mittelpunkt des politischen Handelns, ohne dass es in dieser Klarheit öffentlich benannt wird. Das Wohl der Kinder bleibt dabei auf der Strecke.

Sie werden so schnell wie möglich fremdbetreut, politisch gesehen gibt man ihnen maximal ein Jahr bei der Mutter. Hierbei werden die natürlichen Bedürfnisse der Kleinen nach Nähe, Wärme und Zuwendung sträflich missachtet, keiner der politisch Entscheidenden fragt wirklich danach. Christlich ausgerichtete Familien, die noch Wert legen auf eine eigene Familienkultur, in der Liebe, Tradition und der Glaube die

Grundfeste darstellen, werden damit nicht nur übergangen, sie werden zunehmend angegriffen und unter Rechtfertigungszwang gestellt. Dabei sind Kinder alleine dort gut aufgehoben, wo sie geliebt und in ihren besten Eigenschaften umfangreich gefördert werden. Das können nur Mama und Papa in natürlicher Zuwendung leisten, ebenso übrige Familienmitglieder wie Geschwister oder Großeltern. Die Mär, dass fremde Erzieher in aushäusigen Einrichtungen dazu besser in der Lage sind, glauben in Wirklichkeit die wenigsten Leute. Man will es uns weismachen, weil in unserem Lande durchaus auch Familien existieren, denen die soziale Grundlage für die Erziehung ihrer Kinder fehlt. Zum Glück handelt es sich hierbei jedoch um eine kleine Minderheit, über die jetzt auffallend häufig öffentlich in den Medien berichtet wird und die damit zunehmend zum Maßstab der ganzen Gesellschaft erhoben werden soll. Ein gefährliches Vorgehen.

Friedrich Hänssler: Heißt das, es geht den Kindern heute nicht besser als vor zwanzig Jahren?

Eva Herman: Genau das heißt es. Die Frage sollte besser umgekehrt gestellt werden, geht es den Kindern heute schlechter als vor zwanzig Jahren? Ja, und das ist wohl so. Ganz sicher ging es den Kindern vor zwanzig Jahren auch deswegen erheblich besser, weil es in dieser Zeit entschieden weniger Scheidungen gab, also beide Elternteile zum normalen Leben zählten. Und es gab bedeutend weniger alleinerziehende Mütter, die heute unter immensen Druck geraten, wenn sie ihre Kinder alleine zu ernähren und großzuziehen haben.

Das Tempo, in dem wir jetzt leben, hat dramatisch zugenommen. Unsere Kinder werden oft völlig gedankenlos in diesen Sog mitgerissen. Wenn man zurückdenkt an die Zeit vor zwanzig Jahren, so hatte das Leben einen bedeutend ruhigeren Rhythmus, höhere Moralmaßstäbe und klarer definierte Grundwerte. Und noch weiter zurückgeschaut, da schien die Zeit beinahe stillgestanden zu haben. Es gibt heute kaum noch Raum und Zeit für die Bedürfnisse der Kinder wie Spiel, Natur und Leichtigkeit und natürlich Muße. Sie werden in frühester Kindheit bereits in die Stressmühle mit hineingezerrt, in der wir Erwachsene uns seit langem verfangen haben und selbst keinen Ausweg mehr daraus wissen.

Friedrich Hänssler: Zusammengefasst heißt das, dass Kinder heute unter schwierigeren Bedingungen groß werden müssen. Würden Sie dieser Aussage zustimmen?

Eva Herman: Auf jeden Fall. Kinder leben deswegen heute unter schwierigen Bedingungen, weil die Notwendigkeiten ihrer Wesensart nicht hinreichend erkannt und auch nicht erfüllt werden. Zu ihrer naturgemäßen günstigen Entwicklung, damit sie selbstverantwortliche und selbstbewusste Menschen werden können, benötigen sie als allererstes Respekt, Akzeptanz, Toleranz, Förderung ihrer Talente, Liebe und Zeit – und zwar umfangreich. Das ist die Aufgabe von Eltern, wenn sie richtig handeln wollen. Diese Gaben müssen sich im täglichen geregelten Ablauf, der zuverlässig wiederkehrt, finden. Eine schwierige Herausforderung, denn die äußeren Umstände, denen Eltern heute ausgesetzt sind, sind alles andere als günstig dafür. Die Väter verlassen morgens das Haus, um arbeiten zu gehen, Frauen werden von der Politik, von der Industrie, von der Wirtschaft mehr oder weniger ebenfalls in die tägliche Erwerbstätigkeit gezwungen, die Wohnungen und Häuser sind tagsüber leer. Eine beunruhigend hohe Zahl von Kindern kommt nach der Schule in vereinsamte Behausungen, sie können ihre Konflikte, die sie tagsüber in der Schule mit den Lehrern oder mit ihren Freunden austrugen, mit niemandem besprechen. Kein Trost, keine Aufmerksamkeit, kein Zuhören, kein Rat. In den aktuellen Kinder- und Jugendstudien steht an allervorderster Stelle der Wunsch, mehr Zeit mit den Eltern verbringen zu dürfen. Im bundesweiten Durchschnitt sprechen Eltern mit ihren Kindern heutzutage gewohnheitsgemäß etwa fünf Minuten am Tag.

In der ganz aktuellen Veröffentlichung einer Umfrage von 2300 Jugendlichen zwischen 14 und 18 Jahren der Diakonie Baden wurden folgende Daten im Frühling 2008 bekannt:

Auf die Frage »Was verbinden Jugendliche mit Familie?«, gab es folgende Antworten:

85 Prozent äußerten, das Wichtigste sei Liebe, 83 Prozent brachten ein Zuhause damit in Verbindung und 80 Prozent waren der Überzeugung, Familie habe wesentlich mit Geborgenheit zu tun.

Und es erstaunt nicht, dass die Mütter von den Jugendlichen als die wichtigsten und am meisten gefragten Beraterinnen genannt wurden, und zwar zu den Themen: schlechte Schulnoten, Auseinandersetzungen mit Lehrern, Berufswahl, Gewalterfahrungen und auch in religiösen Fragen.

Immer wieder lauten die Ergebnisse ähnlich, die Kinder und jungen Leute äußern klar, was sie dringend brauchen, um glücklich sein zu können, und diese Bedürfnisse haben sich im Laufe der letzten Jahrzehnte auch nicht verändert.

Doch während die überwiegende Zahl der Politiker nahezu aller Parteien, unverständlicherweise übrigens ganz vorneweg der christlich-demokratisch gewählten, die Betreuung der Kleinsten in Kinderkrippen favorisiert, beschäftigt sich niemand wirklich mit der Realität. Die Interessen der Kinder werden nicht vertreten, und wer sich zu ihrem öffentlichen Anwalt macht, lebt gefährlich.

Sie sind oft noch klein, wenn sie frühmorgens aus dem Bettchen gerissen und in die Fremdbetreuung gebracht werden. Eine ungewisse Zukunft, weil man nicht weiß, was in dieser Kinderkrippe alles geschieht. Selbstverständlich gibt es auch einige gute Einrichtungen, in denen man bemüht ist, das Beste für die Kleinen zu tun. Doch immer ist es eine ungewohnte Umgebung mit fremden Menschen, in der es keine individuellen Rückzugsmöglichkeiten für die Kinder gibt. Immer sind sie in der Gruppe und dem damit verbundenen Gruppenzwang verhaftet und in alltäglichen Konfliktsituationen können die Betreuerinnen nicht immer im Sinne und zum Wohl des einzelnen Kindes entscheiden. Auch hier fehlt es an Zeit, Raum und Geld. Und natürlich an der individuellen Liebe. Wir schneiden bei den internationalen Vergleichsstudien, bei der OECD-Studie beispielsweise, was die Qualität der Betreuungsangestellten angeht, seit Jahren mit den Noten mangelhaft und ungenügend ab. Nichts ist in Ordnung, weder die Ausbildung des Erziehungspersonals, noch der Betreuungsschlüssel und vieles mehr. Unsere Familienministerin jedoch bezeichnet den Aufenthalt in einer Krippe als »frühkindliche Bildung«. Abgesehen davon, dass kleine Kinder Bindung, aber nicht Bildung brauchen, außer es handelt sich um Herzensbildung, sind wir in deutschen Kinderkrippen Lichtjahre entfernt von dieser wohl gepriesenen Bildung. Im besten Fall kann es sich meist um Aufbewahrung handeln, in nicht seltenen Fällen besteht die akute Gefahr der Vernachlässigung.

Friedrich Hänssler: Noch einmal nachgehakt: Warum mögen Sie eigentlich keine Kinderkrippen?

Eva Herman: Meine Abneigung hat neben den genannten Gründen ebenfalls mit der in unserer Gesellschaft weitverbreiteten Glorifizierung zu tun, die derzeit durch die Politik und viele Medien stattfindet. Die Krippe gilt als Allheilmittel, als einziges Modell zur Förderung der Kinder. Dies ist ausgemachter Humbug mit gefährlichen und verheerenden Folgen. Sie dient einzig und alleine dazu, kleine Kinder abzuschieben, damit die Mütter arbeiten gehen können. Nicht genug, dass die Qualität grundsätzlich vieler Orten sehr zu wünschen übrig lässt. Wir haben außerdem, wie erwähnt, keinen geregelten Betreuungsschlüssel in Deutschland, jedes Bundesland kann ihn individuell handhaben, eingeschritten wird meist nicht, einfach haarsträubend. Ein gesetzlich geregelter Betreuungsschlüssel würde bedeuten, dass klar vorgegeben wird, wie viele Kinder maximal von einer Betreuerin versorgt werden dürfen. Die fachärztliche Empfehlung sind drei bis vier Kinder, die von einer Erzieherin betreut werden dürfen, wenn es sich um Kinder unter drei Jahren handelt.

Hierzulande kann es jedoch durchaus passieren, dass eine nicht ausreichend ausgebildete Erziehungsperson zwischen 15 und 20 kleine Kinder, manchmal noch mehr, betreuen muss. Wenn wir uns vorstellen, dass es sich zum Teil um Kinder handelt, die nicht einmal ein Jahr alt sind, die gewickelt, getragen, geschaukelt werden müssen, die dringend angewiesen sind auf die Förderung ihrer Anlagen und vor allem auf die Liebe der Erwachsenen, ahnen wir das Drama. Die oft mangelhafte Ausbildung des Erziehungspersonals, die Zeitnot und die massive Überlastung müssten uns aufschrecken und uns dringend handeln lassen, denn es geht hier um das Wertvollste, was wir besitzen: unsere Kinder.

Wenn man sich gleichzeitig klarmacht, dass diese ersten drei Jahre die sogenannten prägenden Jahre für das ganze Leben eines Menschen sind, bekommt das Thema katastrophale Dimensionen. Denn das, was wir in den ersten drei Jahren unseres Lebens lernen, was wir an Zuwendung erhalten oder eben auch nicht, das wird uns für den Rest des Lebens steuern. Es prägt uns, es formt uns, und wer Liebe erhält, kann sie später weitergeben. Wer von Anfang an allerdings lernt, dass seine Bedürfnisse übergangen werden, wird auch in seinem weiteren Leben keine großen Erwartungen mehr haben, Unsicherheit und mangelndes Selbstbewusstsein sind die Folge. Die Spätfolgen wie Depression, Alkohol- und Drogenabhängigkeit, berufliche und partnerschaftliche Erfolglosigkeit, aber auch weitere soziale Probleme wie Gewaltbereitschaft und exzessives Leben werden durch die Wissenschaft als Folge bestätigt. Die ersten drei Jahre, so auch die internationale Bindungsforschung, sind das Rüstzeug für uns. Stabile Zuwendung hat stabiles Urvertrauen zur Folge, Vernachlässigung wird immer zu Defiziten führen.

Persönliches

Friedrich Hänssler: Wenn ich das so von Ihnen höre, dann möchte ich einiges Persönliches über Sie erfahren. Sie sind in Emden geboren, welche Erinnerungen haben Sie an Ihre Kindheit?

Eva Herman: Ich wurde in Emden geboren, direkt am Wasser, dort blieben wir allerdings nur wenige Jahre. Danach zogen wir in den schönen Harz, ich war etwa drei Jahre alt. Und dort lebte ich, bis ich mein Elternhaus verließ. Ich habe an diese Landschaft sehr, sehr schöne Erinnerungen. Der Harz hat hohe Berge – im Vergleich zu den Alpen sind sie natürlich nicht ganz so beeindruckend, aber für mich reichten sie damals bis in den Himmel. Wir Kinder wuchsen mehr oder weniger im Wald auf. Meine Mutter ist mit uns Kindern, sooft es ging, in die Pilze gegangen, sie hat uns die Tiere, die Bäume, Blumen und die Pflanzen erklärt. Wir drei Kinder konnten schon relativ früh die Arten einzelner Vögel oder Pflanzen auseinanderhalten. Man kann sagen, dass wir sehr naturverbunden aufwuchsen.

Friedrich Hänssler: Und daran können Sie sich heute noch erinnern?

Eva Herman: Ja, natürlich, und ich denke heute voller Glück und großer Liebe daran zurück. Im Laufe des Erwachsenwerdens hat es vielleicht nicht immer die große Rolle gespielt, aber je älter ich werde, desto wichtiger werden diese prägenden Erfahrungen und Eindrücke nun für mich. Und ich versuche vieles von dem, was meine Mutter damals für und mit uns getan hat, an meinen Sohn weiterzugeben, in der Hoffnung, dass er das später auch derartig wertschätzen kann.

Friedrich Hänssler: Sie sind bisher noch gar nicht auf Ihren Vater eingegangen.

Eva Herman: Mein leiblicher Vater ist sehr früh gestorben, als ich sechs Jahre alt war. Meine Mutter heiratete danach recht schnell wieder, und sie blieb bis zu ihrem Tod mit meinem zweiten Vater zusammen. Man kann sich vorstellen, dass die Situation damals für meine Mutter als Witwe mit drei Kindern nicht gerade einfach war. Umso größer war für viele die Überraschung, dass sie schnell wieder einen Mann fand. Es ist eine uneingeschränkte Liebesheirat zwischen den beiden gewesen. Über vierzig Jahre lang haben sie so gut wie nie gestritten, im Gegenteil, sie waren eigentlich immer fröhlich, bis zum Schluss hielten sie sich täglich bei den Händen.

Wir waren drei Kinder, ich habe eine jüngere Schwester und wir hatten einen älteren Bruder, der inzwischen gestorben ist. Häufig waren wir drei auf uns alleine gestellt, meine Eltern hatten gastronomische Betriebe, wo viel und hart gearbeitet werden musste. Natürlich hat das auch seine Spuren hinterlassen. Es gab häufig Momente, in denen ich mir meine Mutter als kleines Kind nahe bei mir gewünscht hätte. Ich wusste, sie ist eigentlich nebenan, doch war sie Welten entfernt, weil ich einfach nicht zu ihr konnte. Denn sie arbeitete. Aus diesem Grund ist es mir wohl auch so wichtig, heute darüber zu sprechen, dass Mütter – zumindest in den ersten Jahren – zu ihren Kindern gehören. Denn viele Mütter sind bemüht, alles richtig zu machen, sie möchten allen und allem gerecht werden, und häufig verheddern sie sich in den zahlreichen Anforderungen. Heute will man den Frauen weismachen, es sei richtig, die kleinen Kinder fremdbetreuen zu lassen. Doch tief in ihrem Herzen weiß nahezu jede einzelne Mutter, dass dies nicht stimmt.

Friedrich Hänssler: *Welche Rolle haben Ihre Geschwister damals gespielt?*

Eva Herman: Eine sehr wichtige, denn wir Kinder waren sehr innig und wir haben uns sehr gut mit uns beschäftigt. Wir spielten viel, der Phantasie waren keine Grenzen gesetzt. So verbrachten wir viel Zeit draußen. Man kann schon sagen, meine Geschwister und ich sind in der Natur groß geworden, ohne Zwang. Denn wir waren auf dem Land. Und das hat uns natürlich dauerhaft geprägt und uns gute, erdverbundene Wurzeln gegeben.

Friedrich Hänssler: *Da Ihr Vater so früh verstarb, wurden Sie wohl stark von Ihrer Mutter begleitet und geprägt. Welche Rolle spielte Ihre Mutter in Ihrer Kindheit?*

Eva Herman: Ja, meine Mutter hauptsächlich und auch meine Großmutter bestimmten und beeinflussten mein Leben.

Beide sind leider vor kurzer Zeit dicht hintereinander gestorben, sie waren sehr starke Frauenpersönlichkeiten und sie haben meiner Schwester und mir sehr viel Starkes mitgegeben. Manchmal so viel, dass es einige Menschen schon übermannte und beinahe als Dominanz empfunden wurde. Während in unserer Familie die Männer meistens gar nicht vorkamen, weil sie gestorben waren. Mein Vater starb in jungen Jahren, mein Bruder ging früh und meine Großväter habe ich allesamt niemals kennengelernt, weil sie so früh die Welt verlassen hatten. Das heißt, mein Bild war von Grund auf vorwiegend weiblich stark geprägt, männlich eher nicht.

Friedrich Hänssler: Wie wichtig sind Väter für ihre Kinder?

Eva Herman: Sie sind genau so wichtig wie die Mütter, jeder Elternteil hat seine ganz bestimmten Aufgaben. Die Mutter lebt den weiblichen Teil vor, mit allen sensitiven und gefühlsbetonten Ausprägungen, sie ist für die Seele, die Liebe und das Urvertrauen verantwortlich. Und sie ist dauerhaftes Vorbild für die Weiblichkeit. Der Mann, ganz klar, ist der beschützende Teil, der meist rationalere, sachlichere, doch auch der kämpferische Part. Während eine Mutter in den ersten Jahren eines Kindes eine enorm wichtige Rolle als eine Art Sicherheitsbasis und Zufluchtsort einnimmt, wird der Vater mit zunehmendem Alter immer wichtiger. Während er die Familie von Anfang an beschützt und der Mutter mit den kleinen Kindern den Rücken freihält, sollte er mit wachsendem Alter der Kinder viel zusammen mit ihnen unternehmen, mit den Jungen vor allem Sport und Spiel treiben.

Früher hätte ich mir nicht träumen lassen, wie wichtig Männer als Teil der Familie sind. Auch als wichtiges Vorbild für alles Männliche, was einem Menschen im Laufe des Lebens begegnet. Jungen lernen von ihnen, ihre eigene Männlichkeit zu entdecken und zu entwickeln, was einer der entscheidenden Prozesse für ihr ganzes Leben darstellt. Die Töchter lernen von ihnen ebenfalls die Bedeutung von Männlichkeit kennen, und erhalten somit das Rüstzeug, sich vor allem auch auf ihren späteren Partner einzustellen. Unbewusst war ich aufgrund meiner eigenen Sozialisation viele Jahre der Ansicht gewesen, dass man als Frau seine Kinder auch ohne Weiteres alleine großziehen kann, ohne dass jemand dabei besonderen Schaden erleidet. Das ist aber grundlegend falsch. Drei gescheiterte Ehen, die ich hinter mich gebracht habe, könnten Aufschluss genug darüber sein, wie verdreht meine Vorstellung von Männern lange Zeit war. Sie sind wahrlich kein Ruhmeszeugnis. Möglicherweise suchte ich jahrelang meinen Vater, und verwechselte ihn mit den Ehemännern. Doch sicher trug auch meine Karriere erheblich dazu bei, dass die für eine Partnerschaft wichtige Kompromissfähigkeit allmählich auf der Strecke blieb.

Das sind zum Teil gefährliche Steuerungen, die unbewusst ablaufen und die sich anscheinend so oft wiederholen müssen, bis man selbst endlich wach wird und sich fragen muss: Was passiert hier eigentlich ständig mit mir?

Friedrich Hänssler: Noch eine ganz persönliche Frage: Welche Ideale haben Sie in Ihrer Jugend noch beflügelt?

Eva Herman: Eigentlich waren es immer sehr weibliche Vorbilder, die mich faszinierten, so war es zum Beispiel Maria, die Mutter Jesu, die schon als kleines Kind ein warmes Gefühl in mir entstehen ließ. In unserer Kinderbibel sah sie wunderschön aus und oft holte ich das Buch nur deswegen aus dem Regal, um sie stundenlang anzuschauen. Und ich liebte die guten Mütter und die lieben Königinnen in den Märchen. Es waren die empfindsamen Seelen, mit denen man im Laufe einer Kinderzeit durch Geschichten zusammengeführt wird, die zu meinen Vorbildern wurden und die mich tief bewegten. Ich lebte die halbe Kindheit in Märchenwelten und klapperte jedes Mal vor Angst, wenn wieder Stiefmütter oder herrische Königinnen auf den Plan kamen und Glück zerstören wollten. Natürlich war ich auch fasziniert von den starken Königssöhnen, die ihre Prinzessin im letzten Moment vor dem Feuer speienden Drachen, vor dem Verhungern oder einem trotteligen Königsvater retteten.

Erste Erfahrungen mit der Emanzipation

Friedrich Hänssler: *Wie lange konnten Sie sich in den Idealen der Märchenwelten halten?*

Eva Herman: Einige Jahre lang, doch später wandelte sich das Bild. Vielleicht ein Beispiel: Als ich zehn, elf Jahre alt war und Geburtstag feierte mit meinen Freundinnen in Faltenrock und Lackschuhen, wie das damals so üblich war, kam eine entfernte Verwandte rein, die etwas älter war. Sie war schon so Anfang zwanzig, und sie hatte kurz geschnittene rote Haare, trug eine Latzhose, kaute Kaugummi, schmiss sich aufs Sofa und sagte: »Was'n das für 'ne müde Veranstaltung hier?« Das war die erste Feministin, die ich je gesehen hatte. Und ich war plötzlich hellauf begeistert. Ich war natürlich auf der einen Seite grauselig erschüttert, aber auf der anderen Seite dachte ich mir: Mensch, das ist die große weite Welt!

Es war wie eine Verheißung, nämlich raus aus dem »Kleinstadtmief« zu kommen, auch wenn mir das alles sicherlich noch etwas Angst machte, vor allem die Vorstellung: Achtung, fertig und rein in ein neues selbst bestimmtes Leben, das ich selbst in die Hand nehmen konnte. Ein wichtiges Ideal wuchs dort damals in mir, ein mächtiger Motor und Antrieb: Nämlich die Welt zu erobern – ganz alleine und aus eigener Kraft.

Friedrich Hänssler: Ein Freund sagte mir einmal sehr ehrlich im Rückblick auf sein Leben:
»Zuerst hing mir der Himmel voller Geigen, aber dann ist mir eine Geige nach der anderen heruntergefallen.« Welche Geigen sind bei Ihnen heruntergefallen?

Eva Herman: Ich würde mal behaupten, manche Geigen fielen mir sogar schlagartig auf den Kopf. Nehmen Sie zum Beispiel meine drei gescheiterten Ehen. Viel schlimmer aber war ein Tag in meinem Leben, an dem mir zu schwanen begann, dass ich neben einer großartigen Karriere viel Persönliches versäumt und in den Sand gesetzt hatte. Vor lauter Arbeit hatte ich ein weiteres, wichtiges Ziel völlig aus den Augen verloren: Eine Familie zu gründen, Kinder zu haben. Neben meinem aufregenden, erfolgreichen Berufsleben entwickelte sich zunehmend ein privates, trauriges Vakuum.

Friedrich Hänssler: Ich möchte mal anders fragen: War das Scheitern dieser Idealvorstellungen vorprogrammiert?

Eva Herman: Im Prinzip ja! In meiner Jugend waren die Zeichen der Zeit auf Feminismus-Kurs gerichtet. Neben den einerseits weiblich dominanten Einflüssen von Mutter und Großmutter blühte die politische Einwirkung kraftvoll an jeder Ecke auf. Alice Schwarzer war auf dem besten Weg, die Gesellschaft umzukrempeln und Deutschlands Chef-Feministin zu werden. Das muss man sich einmal vorstellen: Eine

Frau, die niemals einen Mann oder gar Kinder hatte und deswegen auch in keinem Moment ihres Lebens die Probleme einer Durchschnittsfrau kennenlernte, nämlich Familie, Kinder und Beruf unter einen Hut zu bringen, die also einer absoluten Minderheitengruppe angehörte, ausgerechnet diese Person versuchte nun, ihren eigenen, etwas traurigen Lebensentwurf allen anderen Frauen im Land überzustülpen als das beste und vor allem modernste Modell. Sie hatte zudem Gefallen gefunden an einigen Aussagen der höchst unglücklichen Simone de Beauvoir, die noch heute als Heldin der Emanzipation gefeiert wird. Diese hochstilisierten, doch in Wirklichkeit öden und selbstzerstörerischen Theorien fanden ihren Nährboden bei einer in der Kindheit von der eigenen Mutter völlig ignorierten Alice Schwarzer. Ihr persönlich erlebter Muttermangel, der bekanntermaßen tiefe Narben in die Seelen der Menschen fräst, wurde nun einer ganzen Gesellschaft zugemutet. Die enttäuschte Abwendung von allem Mütterlichen zementierte ihre Leitideen, die sich zur zum Teil Leben fressenden Ideologie manifestierte. Für mich ist heute überhaupt nicht nachvollziehbar, wie sich dieser trostlose Lebensentwurf beharrlich als Mythos halten und unser ganzes Land nachhaltig und dramatisch verändern und ausrotten konnte.

Alice Schwarzer war mit ihrer Arbeit auf der ganzen Linie erfolgreich, leider. Der Zeitgeist half ihr dazu. Denn Deutschland brauchte dringend Arbeitskräfte, die damals, vor gut vierzig Jahren, aus fremden Ländern geholt wurden. Was lag näher, als nun auch die deutschen Frauen zu ermutigen, das altmodische Muttisein an den Küchenhaken zu hängen, das Haus zu verlassen und eigenes Geld zu verdienen? Und so gerieten zu jener Zeit die Losungsworte der Emanzipation auf den Tagesplan, die daneben übrigens auch nicht gerade männerfreundlich ausfielen. Wir jungen Frauen, die wir gerade hoffnungsfroh ins Leben starteten, hörten sie an jeder Ecke, und in fast allen Zeitungen lasen wir: »Frauen, richtet euch auf, geht nach vorn, nehmt euch alles! Tut es den Männern gleich, die ohnehin nur gewaltbereite Machos oder aber Weicheier sind. Frauen, euch gehört die Welt!«

Was damals vielleicht gut gemeint war, nämlich Frauen aus unterdrückten Situationen zu holen, wurde schnell ungeprüft ins Unermessliche, ins Maßlose multipliziert. Und diesem Ruf bin ich damals gefolgt und fand meinen Weg ganz großartig. Ich habe bei allem Selbstverwirklichungswollen die Konsequenzen nicht abgesehen, setzte mich nicht mit den eventuellen Gefahren auseinander. Aber wer tat das damals schon? Alles in allem komme ich heute zu der klaren Aussage: Ich bekenne mich schuldig! Schuldig, viele Jahre lang den Weg in nur eine einzige Richtung gelaufen zu sein, nur weil fast alle dorthin rannten. Ohne dabei zu prüfen, was daneben noch wichtig und auch richtig hätte sein können.

Der große Unterschied

Friedrich Hänssler: *Hat Sie dieser neu eingeschlagene Weg damals verändert?*

Eva Herman: Ja, natürlich. Durch meine Karriereerfahrungen über all die Jahre hinweg musste ich zunehmend feststellen, dass man als Frau mit all den typischen weiblichen Anlagen im harten Berufskampf nicht weit kommt. Vielmehr ist es erforderlich, dass Frauen sich in der immer noch männlich dominierten Arbeitswelt die Instrumentarien der Männer aneignen müssen, um sich durchzusetzen. Um ein Beispiel zu nennen: Niemand kann in einer Konferenz, wo es hart hergeht, einfach losheulen, nur weil einem etwas nicht in den Kram passt. Eine Karrierefrau muss darauf verzichten, ihre Gefühle zu zeigen, wenn sie ernst genommen werden will. Es heißt vielmehr, sich durchsetzungsfreudig durch jeden Tag zu kämpfen, stark und belastbar zu wirken und zu jeder Zeit jedem geistesgegenwärtig Paroli bieten zu können. Gefragt sind vorwiegend männliche Eigenschaften, um da draußen zu bestehen. Also eignet man sich diese an, und bemerkt dabei kaum, dass man als Frau seine weiblichen Anlagen zunehmend unterdrückt und sie teilweise gänzlich abschafft. Weibliche Eigenschaften sind nun einmal völlig andere als männliche, auch wenn die Feministinnen und viele Grüne, Rote und einige verstaubte, übrig gebliebene Ideologen bis heute steif und fest behaupten, es gebe keine Unterschiede zwischen den Geschlechtern.

Es ist schon verrückt: Mann und Frau sind nachgewiesen und für jeden Menschen deutlich erkennbar unterschiedlich ausgestattet, sowohl körperlich als auch mental. Alleine der Umstand, dass Männer keine Kinder zur Welt bringen können und Frauen nun einmal für die Zeugung den körperlich komplett anders ausgestatten Mann brauchen, ist für jedes Kleinkind bereits deutlich erkennbar. Die Hirnforschung, die nicht ideologisch überfrachtet arbeitet, bringt zahlreiche glasklare Beweise über die Differenzen des männlichen und weiblichen Gehirns für diejenigen, die überhaupt noch wissenschaftliche Erklärungen dafür brauchen. Dies alles jedoch wird eisern ignoriert und es wird beharrlich weiterhin behauptet, Mann und Frau seien gleich. Es muss eine unbeschreibliche Angst der Frauen dahinterstecken, sich schwächer zu fühlen als die Männer. Wahrscheinlich treten hier jahrtausendelange Unterdrückungen gegen das weibliche Geschlecht zutage. Doch kann es nicht die Lösung sein, neue

Gesetze gegen die Schöpfung aufstellen zu wollen. Das geht mit Sicherheit schief, was ja auch bereits deutlich durch den Zerfall der Gesellschaft erkennbar ist. Noch leistet man es sich, die eigentlich bereits in allen Einzelheiten erkennbaren Folgen unter den Teppich zu kehren, doch werden wir nicht umhinkommen, die Wahrheit ans Licht zu holen.

Friedrich Hänssler: Welches sind denn typisch weibliche Eigenschaften?

Eva Herman: Die weiblichen Eigenschaften, auf die ich mit wachsendem Berufserfolg ebenso zunehmend verzichtete, lange übrigens, ohne es zu bemerken, sind für unsere Gesellschaft enorm wichtig. Sie beinhalten nicht, die harte und häufig auch oberflächliche Gangart durchzuziehen, sondern vielmehr sind sie auf ganz anderen Ebenen zu Hause. Ihr Grundelixier besteht aus Liebe und Selbstlosigkeit, Tugenden, die zur heutigen, modernen Welt kaum zu passen scheinen. Lassen Sie mich einige nennen: Es sind die erforderlichen Eigenschaften, um auf andere Menschen einzugehen, ihnen zu helfen, sie zu fördern, zu trösten und zu verbinden, ihnen zuzuhören, sensibel und empathisch sein zu können und ihre geistige Entwicklung zu fördern und vieles, vieles mehr.

Diese zur Wesensart der Frau gehörenden Grundgaben bekommen wir automatisch von der Natur mit, die eine mehr davon und die andere weniger. Frauen sind enger mit dem Himmel verbunden und dienen als Brücke zwischen oben und unten, sie sind es nun einmal, die die Welt im Innersten zusammenhalten können, die ein Heim gemütlich gestalten, die Kinder bekommen und diesen in den ersten Jahren ja sehr nahe sein und ihre Bedürfnisse erkennen und erfüllen sollten – im Idealfall natürlich, also schöpfungsgemäß.

Diese genannten Eigenschaften benötigt jede Frau, um ihre Kinder zu verstehen, sie richtig leiten und führen zu können. Doch nicht nur für die Kinder und Familien alleine, sondern auch für das menschliche Miteinander generell sind diese »weichen« Fähigkeiten bedeutend und äußerst wichtig. Sie sind die Seelensubstanz der Gesellschaft. Deswegen muss auch nicht jede Frau unbedingt Kinder bekommen, um segensreich für andere Menschen wirken zu können. Wenn wir Frauen diese Fähigkeiten jedoch abgeben, um sie durch männliche zu ersetzen, dann bedeutet das auf allen Ebenen nachhaltige Veränderung! Diese ist bereits überall deutlich spürbar, Kälte und Herzlosigkeit, ausgeprägter Egoismus, Individualismus und fordernde Selbstverwirklichungsziele nehmen dramatisch zu. Am praktischen, ganz kleinen Beispiel könnte man es deutlich machen: Beim abendlichen Heimkommen nach einem aufreibenden Tag kann man als Frau die errungene Forschheit nicht einfach an den Garderobenhaken hängen und sich die weiblichen Fähigkeiten wieder wie einen hübschen Hut über den Kopf stülpen, um dann schnurrend das Wohnzimmer zu betreten und sich dem Mann wie das liebende Weib zu nähern. Die Frau verändert sich einfach nachhaltig männlich und das sollten wir alle niemals vergessen. Die partnerschaftliche Kompromissfreudigkeit wird dadurch übrigens ebenfalls nicht gerade gestärkt. So erging es mir leider auch für eine ganze Weile.

Das soll übrigens nicht heißen, dass Männer herzlos und kalt sind. Sie sind vielmehr die kraftvolle, positive Ergänzung der Frau und natürlich gilt dies auch umgekehrt, auch Weibliches ergänzt das Männliche. Männliche Wesensarten sind bedeutend für die täglichen großen und kleinen Auseinandersetzungen, in denen zweifellos gekämpft werden muss und in denen Durchsetzungsfreudigkeit gefragt ist. Männer halten sie erheblich besser aus. Dafür sind sie mit dem männlichen Hormon Testosteron ausgestattet, welches sie den Stress und die Belastungen erheblich besser bewältigen lässt. Dieses wird interessanterweise vermehrt auch in weiblichen Körpern produziert, die einem hohen Stressaufkommen ausgesetzt sind. Das weibliche Östrogen vermindert sich dann recht schnell, der Hormonspiegel sinkt, Haarausfall und das Verkümmern der weiblichen Rundungen sind nur die äußeren Begleitmerkmale.

Friedrich Hänssler: Existiert aus Ihrer Sicht in manchen Beziehungen heute noch das notwendige Gleichgewicht?

Eva Herman: Ja, auf jeden Fall. Und dort, wo man es beobachtet, funktionieren die Beziehungen auch. Leider ist dies heutzutage hauptsächlich fast nur noch bei älteren Menschen der Fall, die in ihrer natürlichen Ergänzung harmonisch leben. Das heißt, die Frau kümmert sich um die weiblichen Angelegenheiten und der Mann sich vorwiegend um die männlichen. Dort liegt Segen in den Partnerschaften. Was mich anging, so wurde ich im Laufe der Karriere und des Erfolges immer rechthaberischer. Lorbeergeschmückt, war ich selbstbewusst, und sicher hatte ich mir natürlich ebenfalls männliche Eigenschaften zugelegt, um da draußen klarzukommen.

Hatten mein Mann und ich vielleicht ein gemütliches Wochenende zu zweit geplant, aber mein Chef rief an und sagte: »Da fällt jemand aus, könnten Sie eine Sendung moderieren?«, so habe ich nicht lange gefackelt. Ohne Rücksprache zu Hause war meine Antwort in einem solchen Fall: »Selbstverständlich moderiere ich die Sendung.«

Wenn Sie in dieser Weise häufiger Ihre Zweisamkeit belasten, dann sagt Ihr Partner irgendwann: »Weißt du was, dann moderier doch mal deine Sendungen, aber ich hab eine andere Vorstellung von einer Ehe.«

Was übrigens nicht heißen soll, dass ich mich ganz alleine verantwortlich fühle für drei gescheiterte Ehen, sondern natürlich spielten auch noch ganz andere Dinge eine Rolle. Aber die Gefahr, dass Frauen sich anders entwickeln, ist sehr groß.

Übrigens, das berufliche Engagement, über das ich gerade gesprochen habe, gilt umgekehrt auch für mit dem Unternehmen verheiratete Ehemänner. Das sind grundsätzlich gefährliche Beziehungskiller, die man sorgfältig abwägen und behandeln muss.

Versäumte Lebensziele

Friedrich Hänssler: Von Ihnen stammt der Satz, dass es Ihnen lieber wäre, Sie hätten einen Mann und vier Kinder, statt vier Männer und ein Kind. Daraus klingt doch schon viel Bedauern. Was würden Sie heute anders machen?

Eva Herman: Einiges. Schauen Sie, in jungen Jahren nach meinen Plänen gefragt, antwortete ich stets im Brustton der Überzeugung: Ich möchte heiraten und drei Kinder haben. Ich wollte aber auch Lehrerin werden oder Fernsehjournalistin. Die berufliche Karriere hat ganz gut geklappt, denn sie lag im Trend, und die einzelnen Schritte wurden mir unter anderem durch hohen Fleiß und Eifer, jedoch auch durch den Zeitgeist erleichtert. Die private Entwicklung lässt im kritischen Rückblick mehr als zu wünschen übrig, Kinder zu bekommen wird zunehmend unmoderner. Heute versuche ich, mit jungen Frauen über ihre rechtzeitige Lebensplanung zu sprechen. Der Kinderwunsch als Sehnsuchtsziel ist nahezu überall vorhanden, und dann verschwindet er mit der Zeit doch immer mehr. Denn man ist damit beschäftigt, den beruflichen Boden unter den Füßen nicht zu verlieren. Kampf ist da draußen angesagt, Durchsetzungsvermögen gefragt, Ausdauer und die Bereitschaft, mehr zu leisten als die anderen, wenn man beruflich weiterkommen möchte. Interessant dürfte für viele sein, dass der weibliche Körper mit 30 Jahren schon wieder an Fruchtbarkeit verliert. Und gerade in diesem Alter steckt man meist inmitten der wichtigen Aufbauarbeit und sagt sich: Für Kinder ist ja noch Zeit. Das ist definitiv nicht richtig, und wer sich als so genannte spät gebärende Mutter, so wie ich es mit 38 Jahren geworden war, glücklich wähnt, einen Anfang geschafft zu haben, ahnt meist nicht, dass er sich mit der späten Geburt in aller Regel für ein Einzelkind entschieden hat und die Familienplanung damit beendet ist. Mehr schafft die Frau bzw. ihr Körper meist nicht mehr nach einem bis dahin arbeitsreichen und anstrengenden Leben. Somit ist die günstigste Zeit, eine Familie zu gründen, viel früher, als wir es heute zu entscheiden pflegen. Man muss den jungen Frauen nahelegen: »Denkt früher darüber nach und entscheidet euch auch früher!«

Meine Mutter und auch meine Großmutter sagten übrigens häufig: Kinder passen im Prinzip nie ins Konzept, und deswegen passen sie eben immer. Stets gilt es noch, vorher etwas erledigen oder abschließen zu wollen, eine Ausbildung zu beenden, einen Karriereschritt weiter zu gehen, ein Haus zu bauen. Und auch die Männer haben ganz verschiedene Vorstellungen davon, was sie eigentlich gerne alles erreichen möchten, um eine Familie gründen zu können. Ja, und dann wird ein Kind ungeplant geboren und natürlich gibt es erst einmal Turbulenzen, an denen wir allerdings innerlich gehörig wachsen können. Und die angeblichen Probleme werden in aller Regel doch allermeistens sehr gut bewältigt.

Heute wird die Familienplanung immer weiter nach hinten verschoben und deswegen kommt der Nachwuchs häufig auch gar nicht mehr auf diese Erde. Es scheint, als bestünde das Menschenleben aus bestimmten Zeitfenstern, in welchen wir unsere unterschiedlichen Aufgaben erfüllen müssen, geschieht dies jedoch nicht und wir versäumten Wesentliches, schließt sich dieses wieder und das Thema ist erledigt. Eine weitere, damit zusammenhängende Folge ist die, dass viele Paare heute gar nicht mehr heiraten. Sie sagen stattdessen: »Ja, wenn eines Tages Kinder kommen, dann heiraten wir.« Und dann kommen gar keine Kinder, und die Paare heiraten entweder ganz spät und bleiben ohne Kinder. Doch von diesen späten Ehen gehen viele häufig in die Brüche. Warum? Vielleicht aus dem Grund, weil der richtige Zeitpunkt verpasst wurde.

Friedrich Hänssler: Zurück zu »dem Mann und vier Kindern, statt vier Männern und einem Kind«. Was würden Sie heute anders machen?

Eva Herman: Heute kann ich natürlich klug daherreden. Wesentlich bleibt, womit man sich als junger Mensch beschäftigt. Ist die Zielsetzung, beruflichen Erfolg zu haben, finanziell und persönlich unabhängig zu sein? Oder möchte man sich ganz ausdrücklich auch mit der Familienplanung auseinandersetzen? Als ich jung war und damit in der Lage, ein Konzept für mein Leben zu entwerfen, war es nun einmal nicht sonderlich modern, über Kinder und einen Ehemann nachzudenken. Man dachte sich vielmehr: Ach, das kommt schon alles von alleine. Dem ist jedoch meist nicht so. Geeignete Männer wachsen nicht gerade auf den Bäumen und Kinder werden nicht vom Klapperstorch gebracht. Auch das private Lebensglück will überlegt und geplant sein. Und so ist es notwendig, über beides nachzudenken, das berufliche und das persönliche Glück. Wenn man alles erreichen möchte, bedeutet dies für uns Frauen, ein hohes Maß an Fleiß und Durchsetzungsvermögen einzusetzen, das Allerwichtigste ist jedoch, genügend Kompromissbereitschaft zu entwickeln. Dazu gehört es, eigene Bedürfnisse für eine Weile hintanzustellen, will man den anderen, vor allem den Kindern, nicht zu viel zumuten. Wer seine Berufsplanung ernst nimmt, doch auch sein Privatleben erfüllt erfahren möchte, muss in Zeitfenstern denken. Nach dem biblischen Motto: Alles zu seiner Zeit. Günstigenfalls sieht es etwa folgendermaßen aus:

Nach der Schulausbildung wendet man sich seinem Berufsleben zu, lernt, arbeitet, bildet sich fort und hat bestenfalls auch Erfolg. Dabei ist es übrigens unerlässlich, dass die Arbeit Spaß macht, sonst macht sie uns irgendwann krank.

Wenn man dazu einen Partner findet, den man liebt und mit dem es sich gut eine Familie gründen ließe, so sollte man nicht allzu lange damit warten. Und wenn dann Kinder kommen, dann sollten sie ersehnt und so geliebt sein, dass man wirklich das Allerbeste für sie tun möchte. Und, das ist glasklar: Man muss sich für sie genügend Zeit nehmen und ihnen die eigene innige Liebe bereit sein zu schenken! So begleitet man sie täglich, sieht ihre Entwicklung wachsen und hat selbst täglich teil an vielen kleinen und großen Freuden. Und auch die kleinen Probleme und mancher Ärger, der auftritt, sind wichtig, damit wir uns gemeinsam mit den Kindern im aktiven Erleben weiterentwickeln können. Ich konnte das leider nur zum Teil genießen, denn ich war damals, als mein Sohn klein war, mit meinen Einsichten noch nicht ganz so weit wie heute. Niemals werde ich den Tag vergessen, an dem die Omi des Kleinen freudig bei mir im Dienst anrief und stolz berichtete, dass mein Sohn seine ersten Schritte getan hatte. So sehr ich mich darüber auch freute, so tieftraurig war ich als Mutter: Ich war nicht dabei gewesen, als mein einziges Kind laufen lernte.

Friedrich Hänssler: Was werden Sie Ihrem Sohn mitgeben, worauf er bei seiner Partnerwahl achten sollte?

Eva Herman: Es bleibt zu hoffen, dass ich mich ähnlich unauffällig verhalten werde, wie dies meine Mutter getan hatte. Sie ließ uns Kinder unsere persönlichen Entscheidungen ganz alleine treffen und hielt sich mit ihren Empfehlungen dezent zurück. Das ist sehr wichtig. Allerdings bemühe ich mich schon heute, dass mein Sohn mit einem stabilen Gerüst an moralischen und menschlichen Werten und Vorstellungen groß wird, das für ihn hoffentlich bei der Partnerwahl eine Rolle spielen wird. So ist der Glaube in unserer Familie das wichtigste Fundament für unser Leben, die Anwesenheit Gottes bestimmt das Handeln. Ich wünsche meinem Sohn von Herzen, dass er später eine Frau findet, für die Liebe und Glaube ebenso als wichtige Lebensgrundlage dient.

Friedrich Hänssler: Nun waren Sie lange Jahre eine typische Karrierefrau, Vorzeigefrau im Rampenlicht der großen Medienwelt. Wie haben Sie sich dabei eigentlich gefühlt?

Eva Herman: Großartig. Ich war begeistert von meiner Karriere. Das ist doch klar, schließlich hatte ich das verwirklichen können, was für viele Menschen heute ein hohes Ziel darstellt: Ich war erfolgreich und sogar berühmt geworden. Das ist jedoch auch der Grund dafür, warum ich sogenannte Karrierefrauen und deren Beweggründe und Motivationen häufig sehr gut verstehen kann, auch ihre zum Teil heftige Reaktionen auf meine Thesen. Doch ist es mir nun auch möglich, heute mit Ende vierzig die vielen Nachteile, die daraus erwachsen können, zu erkennen. Möglicherweise kommen noch einige hinzu, die man erst wahrnehmen kann, wenn man in einen neuen Lebenszyklus getreten ist und sich von gewohnten Inhalten verabschieden muss, um neue zu erlernen. Vieles wechselt in einem solchen Prozess und häufig sind gehörige Überraschungen damit verbunden. Nanu, denkt man plötzlich, hatte ich nicht genau dies völlig abgelehnt, als meine Mutter vor Jahren ähnlich reagierte? Nun verstehe ich, warum und mit welchen Gefühlen sie das tat. Tja, man muss offen bleiben und niemanden zu schnell vorverurteilen.

Veränderung durch Schwangerschaft

Friedrich Hänssler: *Hat die Schwangerschaft Sie verändert?*

Eva Herman: Oh ja, und wie. Die allermeisten Frauen erleben eine grundlegende innere Wandlung, und ebenso erging es mir auch. Wofür ich alleine schon Gott von Herzen dankbar bin. Denn als sogenannte Spätgebärende mit Ende dreißig war es ja auch keine Selbstverständlichkeit mehr, ein Kind zu bekommen.

Als ich etwa im zweiten, dritten Monat schwanger war, begannen sich bereits die Prioritäten zu verschieben. Was vorher an erster Stelle stand, nämlich Beruf und Karriere, war plötzlich nicht mehr vorrangig, sondern vielmehr gewann das wachsende Kind in meinem Bauch, meine Familie und der anstehende Nestbau zunehmend an Bedeutung. Schon in dieser Zeit kamen Mutmaßungen in mir auf, dass wir modernen Frauen uns grundsätzlich vom vorgegebenen schöpfungsgewollten Auftrag weit und weiter entfernen. Leistungsdruck statt Liebe, Karriere statt Kompromisse, Matriarchat statt Mutterschaft. Bei genauerem Hinschauen fällt es leicht, zu erkennen, dass Frauen, die mehrere Kinder haben, nachgiebiger und kompromissfähiger sind. Meist sind sie offener für das Wort des Gegenübers, aufgeschlossener ebenso für das Erkennen der Bedürfnisse von anderen Menschen, generell sind sie erheblich feinfühliger im Umgang mit anderen Menschen. Eine Mutter muss vieles im Leben ihres Nachwuchses koordinieren, sie muss ihre Kinder fördern und ihnen helfen, sich mit anderen Menschen wie den Freunden, Schulkameraden und Lehrern zu verbinden in der Lage sein. Und sie muss ihre Kinder bei diesen wichtigen sozialen Entwicklungsprozessen liebevoll begleiten. Sie ist also häufig Chefin und zugleich Lehrerin, Ärztin, Organisatorin, Vermittlerin, Mäzenin und vieles mehr. Und all dieses ist sie mit dem ausschließlichen Ziel, ihren Kindern in Liebe das Beste mit auf den Weg zu geben.

Einer Karrierefrau, die keine Kinder hat, spreche ich diese Fähigkeiten übrigens nicht generell vollends ab, doch sicher ist, dass sie diese Tugenden in diesem Umfang niemals zur vollen Entfaltung bringen kann. Was gleichzeitig leider auch bedeutet, dass diese Eigenschaften immer weniger werden, denn wo keine Kinder sind, gibt es auch keine Mütter.

Man muss sich in diesem Zusammenhang übrigens die Frage stellen, warum die Unternehmen in unserem Land noch nicht auf den nahe liegenden Gedanken gekommen sind, genau jene Frauen, welche ihre Kinder zu Hause großzogen, danach in ihre Unternehmen zu holen. Denn jede Einzelne dieser Frauen wird segensreich an sämtlichen Stellen wirken, wo man sie wirken lässt. Wo sich solche lebenserfahrenen Frauen ihren Aufgaben widmen, werden es zersetzende Mechanismen wie Mobbing oder Parteiennahme schwer haben, denn auch die Gerechtigkeit ist in ihrer mütterlichen Existenz ein wichtiger Markierungsstein. All diese positiven Eigenschaften fehlen uns mehr und mehr in der bunten und glitzernden Karrierewelt, wo angeblich alles möglich ist. Doch es ist heutzutage nicht modern, diese älteren Frauen nach einer solch langen Auszeit wieder in einen Betrieb zu integrieren. Schön dumm, kann man da nur sagen.

Friedrich Hänssler: Die Frauenbewegung war ein wichtiger Katalysator Ihrer Berufskarriere. Haben Sie in Ihrer Lebenswelt zunächst diese und weitere Vorzüge der Frauenbewegung gesehen?

Eva Herman: Ja, ich war als Nachfolgerin von Dagmar Berghoff bei der Tagesschau eine der ganz wenigen Frauen, die Ende der 80er-Jahre in den Fernsehnachrichten auf dem Bildschirm tätig waren. Dagmar Berghoff ist schon Ende der 70er-Jahre eingestiegen, sie war neben Barbara Diekmann bei den Tagesthemen (ab 1979) und Wiebke Bruhns beim ZDF (ab 1971) die erste öffentliche Nachrichtenfrau Deutschlands gewesen. Ich kam Ende der 80er-Jahre dazu. Diese zehn Jahre dazwischen hatten schon eine etwas revolutionäre Entwicklung genommen, was die Rolle der Frauen in den Medien angeht. Doch war es zweifelsfrei immer noch etwas ganz Besonderes, an solch entscheidend wichtiger Stelle gesessen zu haben. Heutzutage ist das nichts Aufregendes mehr, im Gegenteil. Die meisten Nachrichtensendungen und auch die politischen Talksshows werden allermeist von Frauen moderiert. Und wenn Sie die Medien im Allgemeinen etwas näher betrachten, so sind es zunehmend die Frauen, welche die Männer geradezu überflügeln. Und das gilt natürlich nicht nur für die Medien. Einzig in den Führungspositionen der Industrie und Wirtschaft mangelt es; die hoch qualifizierten und gut ausgebildeten Frauen, die sich dann doch für die Familie entscheiden, kehren meist nicht mehr an ihre Positionen zurück, sondern widmen sich der Familie. Viele Politiker und Feministinnen sehen hier Probleme, ihr Ziel ist es, mit Gleichstellungsmaßnahmen diese Frauen in den hohen Positionen zu behalten und deren Kinder fremdbetreuen zu lassen. Man ist allgemein der Ansicht, dass viel mehr Führungspositionen weiblich besetzt sein müssen. Darüber kann man ja tatsächlich auch nachdenken, aber warum sollen es ausgerechnet diejenigen Frauen sein, die kleine Kinder haben? Was von vielen Menschen noch als Segen angesehen wird, sehe ich inzwischen erheblich skeptischer. Der damalige Schlachtruf der Feministinnen hallt mir noch in den Ohren:»Frauen, holt euch alles, ihr könnt alles! Zeigt den Männern, was ihr seid und wer ihr seid, erobert die Welt!« Sie haben es getan, sie tun es auch weiterhin, aber für welchen Preis?

Nicht dass Sie mich falsch verstehen, ich bin durchaus der festen Ansicht, dass Frauen tatsächlich nahezu alles so gut wie Männer leisten können, außer es handelt sich um körperliche Kraftanstrengungen, denn da sind die Männer nun einmal meistens im Vorteil. Aber ansonsten sind Frauen beinahe zu allem fähig, nur können sie eben nicht alles gleichzeitig erledigen. Sie können nicht ihren Beruf ergreifen, Karriere machen, gleichzeitig einen Mann finden und ihm eine gute Ehefrau sein, eine Familie gründen und Kinder kriegen, diese umsichtig betreuen und dabei auch noch schick, modern, schlank, gesund und fit zu wirken. Das geht schlichtweg und definitiv nicht. Irgendetwas oder irgendjemand leidet immer darunter, meistens übrigens die Schwächsten, die Kinder. Doch auch die überforderten Frauen, die sich wie selbstverständlich alles abverlangen, brechen irgendwann einmal ein.

Mir persönlich erschien das Karriereleben damals sehr interessant. Und ich konnte vielleicht manches Mal ahnen, dass einiges für mich auch möglich geworden war, weil die Feministinnen den Weg mit geebnet hatten. Die Nachteile sah ich damals nicht. Und wenn mir heute jemand sagt, es sähe fast wie Nestbeschmutzung aus, dass gerade ich, die in den Medien diesen erfolgreichen Weg gehen konnte, jetzt den Feminismus mit Füßen träte, dann antworte ich: »Ich trete ihn nicht mit Füßen. Ich sage durchaus, dass der Feminismus natürlich auch Großes geleistet hat, gerade im Bezug auf Gewalt gegen Frauen.«

Da war das Eintreten für das Wohl der Frauen durch die Initiative anderer, fest organisierter Frauen wie den Feministinnen schon sehr wichtig. Manches an dieser Arbeit habe ich auch unterstützt.

Doch ist uns niemals gesagt worden, welche Nachteile und Gefahren uns daraus erwachsen können, wenn wir einmal älter werden. Nämlich, dass wir früh aus den Augen verlieren, Partnerschaften und Familien zu gründen. Im Gegenteil, das wurde immer schlechtgeredet, uns ausgeredet.

Erstaunlich daran ist auch, dass Feministinnen, eine kleine gesellschaftliche Gruppe, die heute genauso leben wie damals, nämlich meistens keine Familie haben, keinen Mann und keine Kinder haben, dem Rest der Welt, der Mehrheit in unserem Land vorschreiben möchten, wie man als Frau heute zu leben hat. Nämlich dass Kinder und Familie zweit- oder drittrangig seien, während das Erfolgsmodell Beruf mit Entwicklungen ins Unendliche das wahre Ziel zu sein scheint. Erstaunlich schon alleine deswegen, weil dieses Modell so selten auf Herz und Nieren geprüft und in Frage gestellt wird, obwohl längst klar ist, dass wir ohne ein Wunder mit dieser Lebensform absehbar aussterben werden.

Der Feminismus

Friedrich Hänssler: *Was hatte Sie am Feminismus fasziniert?*

Eva Herman: Ich war vom Feminismus niemals fasziniert, nicht an einem einzigen Tag in meinem Leben. Es gibt Medien, die mich heute als »ehemalige Feministin« bezeichnen, um vielleicht einen deutlichen Gegensatz zu meinem neuen Denken herzustellen – ein Irrtum. Ich hielt mich früher zwar so manches Mal für emanzipiert, doch der Schritt zum Feminismus hin war mir immer eindeutig zu groß und führte in viel zu trostlose Gefilde.

Friedrich Hänssler: *Ab wann haben Sie eigentlich die Nachteile dieser Bewegung gesehen? Gab es da ein ganz persönliches Schlüsselerlebnis?*

Eva Herman: Um ehrlich zu sein, was meine eigene Berufsergreifung anging und meinen eigenen Weg, hatte ich mir darüber zunächst wenig Gedanken gemacht. Ich wäre sicher nicht auf die Idee gekommen, dass ich den Feministinnen meinen ganzen Erfolg zu verdanken gehabt hätte. Denn ich lebte immer nach der Überzeugung: Hilf dir selbst, so hilft dir Gott. Ich hatte mich ordentlich ins Zeug gelegt und habe enorm viel gearbeitet in meinem ganzen Leben. Ich war fleißig, und mein Beruf machte mir einfach Spaß. Und was das Auftreten der Feministinnen anging, so war ich schon früh eher misstrauisch. Wenn das Frausein aus deren Sicht so einzigartig ist, so fragte ich mich öfter, warum laufen sie dann fast alle wie die Vogelscheuchen herum? Niemals ziehen sie sich wirklich hübsch an. Warum scheint ihnen häufig jede Lebensfreude zu fehlen und warum sind sie in vielen Fällen so verbittert? Und auch so versessen ehrgeizig? Wo bleibt die Lässigkeit, die viele Männer, die sie kopieren, von selbst ausstrahlen? Und wo bleibt vor allem auch die Weiblichkeit? Sie waren also weder weiblich noch männlich. Wie auch? Niemals wäre ich feministischen Bewegungen beigetreten oder hätte mit ihnen sympathisiert, weil mir die Spezies an sich schon ziemlich suspekt war.

Friedrich Hänssler: Warum war Ihnen das suspekt? Was meinen Sie mit Spezies?

Eva Herman: Nun, einerseits waren und sind sie ja wirklich sehr erfolgreich auf einigen wichtigen gesellschaftlichen Gebieten. Nehmen Sie die Gewalt gegen Frauen, immer noch eine schreckliche Wirklichkeit. Feministinnen waren es vor allem, die das Tabu vor vielen Jahren brachen und das Thema anpackten. Sie haben viel Gutes getan und manches in unserer Gesellschaft zum Besseren verändert. Das Wahlrecht in Deutschland wurde zwar nicht von Frau Schwarzer persönlich eingeführt, sondern bereits Anfang des zwanzigsten Jahrhunderts durch die Arbeit ihrer visionären Vorgängerinnen möglich gemacht. Doch waren dafür vornehmlich nun einmal die Feministinnen verantwortlich. Und heute sind sie neben dem großartigen Rüdiger Nehberg ebenfalls aktiv tätig gegen die bestialische Beschneidung von Frauen in arabischen Ländern. Dafür bin ich den Feministinnen ausdrücklich dankbar und hierin unterstütze ich sie auch gerne.

Doch was ihre Gleichheitsideologien angeht, die Gleichstellungsversuche der Geschlechter und die beharrliche Leugnung des schöpfungsgewollten Auftrags von Mann und Frau, so kann ich ihre Arbeit überhaupt nicht nachvollziehen. Mit ihren gefährlichen altmodischen und rückwärts gewandten Ideologien, die sie seit nunmehr über vierzig Jahren unermüdlich und gebetsmühlenartig wiederholen und immer wie Neuheiten verkünden, bringen sie Verfall in unsere gesamte Struktur. Denn Fakt ist, dass unsere Gesellschaft unter diesen merkwürdigen und kruden Vorstellungen zusammengebrochen ist. Männer können nun einmal keine Kinder bekommen. Und Frauen können es jetzt auch kaum mehr, weil sie um ihre beruflichen und gesellschaftlichen Rechte auf allen Gebieten kämpfen müssen. Und immer geht es gegen die Männer. Du meine Güte, unser Schöpfer wird sich die Haare raufen. Anstatt dass sie sich ergänzen, befehden sich nun die Geschlechter, Kinder kommen kaum noch auf die Welt und dieses subversive, alles zersetzende Konzept wird als Erfolgsmodell von den ewig Gestrigen gefeiert. Unfassbar. Erst wenn wir überhaupt keine Nachfahren mehr haben, kommt man vielleicht ins Grübeln, was falsch gelaufen sein könnte. Dann ist es jedoch zu spät. Viel Zeit bleibt uns übrigens nicht mehr für diese nicht sehr schwierige Erkenntnis.

Friedrich Hänssler: Wann hatten Sie diese Erkenntnis zum ersten Mal?

Eva Herman: Die Empfindung in mir begann sich zu verändern, als ich schwanger wurde, da passierte etwas Entscheidendes bei mir. Nicht nur, dass sich, wie ich schon erwähnte, die Prioritäten verschoben und mir plötzlich meine innerliche Entwicklung immer wichtiger wurde, sondern ich begann auch im Gesicht der Menschen, die mir gegenüberstanden, etwas anderes zu sehen und zu lesen. Egal ob da ein 70-jähriger Mann vor mir stand oder eine 30-jährige Frau, ich sah zunächst, und das ist bis heute so geblieben, das Gesicht eines Kindes, des ehemaligen Kindes.

Vielleicht handelt es sich um eine Einrichtung der Natur, die viele schwangere Frauen zu spüren bekommen, um genügend Sensibilität für ihr auf die Welt kommendes Kind zu erhalten. Und diese neue Sichtweise verändert einen Menschen natürlich, man entwickelt ein anderes Verständnis für das Gegenüber, wenn man in ihm auch das ehemalige Kind entdeckt. Das verzweifelte Kind, das trotzige Kind, das wütende Kind, das traurige Kind, das lachende Kind – dieses Erkennen birgt Verständnis und Nachsicht, und es verbindet uns anders mit unserem Gegenüber. Diesen Prozess, diese Entwicklung durfte ich mit großer Spannung an mir beobachten, und die Begleitmusik dazu gefällt mir bis heute sehr gut, denn dadurch erhalte ich einen anderen Zugang zu vielen Menschen.

Das Fernsehen und die Prominenz

Friedrich Hänssler: *Wie prominent waren Sie?*

Eva Herman: So prominent wie andere auch, die man häufig am Bildschirm sieht und über die regelmäßig etwas in den Zeitungen nachzulesen ist.

Friedrich Hänssler: *Wurden Sie auch auf der Straße von fremden Menschen angesprochen?*

Eva Herman: Na, ja, mal mehr und mal weniger. Zu Beginn meiner Karriere war ich ganz versessen darauf, erkannt zu werden. Es war schick und verlieh mir den angeblichen Glanz, etwas Besonderes zu sein. Man darf diesem Umstand jedoch nicht allzu viel Bedeutung beimessen, denn wenn sich die Wertigkeiten dadurch verschieben, wird das Leben oberflächlich. Jeder, der prominent ist, befindet sich in dieser Gefahr. Die meisten wissen davon und gehen bewusst und gelassen mit ihrer Berühmtheit um. Dies gelingt umso besser, je älter man wird.

Friedrich Hänssler: Wie sah so ein typischer Tagesschau-Tag bzw. -Abend bei Ihnen aus? Skizzieren Sie doch einmal bitte so einen Arbeitstag.

Eva Herman: Nun, zumeist begann die Dienstzeit am Nachmittag. Man kam in die Maske, ließ sich aufhübschen und ging danach in die Redaktion, um sich die fertigen Texte durchzulesen. Die Tagesschau ist nahezu die einzige Nachrichtensendung im Lande, deren Meldungen nicht von den Präsentatoren selbst verfasst werden, sondern es existiert vielmehr ein großer Stab an erfahrenen Redakteuren, die für das Wort zuständig sind. So hat man es als Tagesschausprecher eigentlich ganz gut, man kommt ausgeruht zum Dienst und die einzige Aufgabe besteht darin, die Meldungen möglichst fehlerfrei und gut betont zu lesen.

Friedrich Hänssler: Was waren Ihre persönlichen Highlights bei der Tagesschau?

Eva Herman: Für mich gab es keine Highlights bei der Tagesschau. Ich versuchte, meine Arbeit ordentlich zu machen, hatte weder Lachanfälle noch andere Aussetzer. An den meisten Abenden gab es ohnehin nicht viel zu lachen, Kriege und Auseinandersetzungen nahmen ja ständig zu. An einem Abend allerdings gab es doch einen kleinen Zwischenfall: In den Tagesthemen, die Ulrich Wickert präsentierte, saß ich am Nachrichtenpult. Und als ich begann, die Meldungen vorzulesen, blieb mir plötzlich die Stimme weg. Ich reichte Uli die Nachrichten rüber und er verlas sie für mich wie ein Kavalier. Danach empfahl er mir eine Sorte Rachenbonbons, die ich heute noch benutze.

Friedrich Hänssler: Was waren Ihre emotional härtesten Momente? Waren Sie da auch schon den Tränen nahe?

Eva Herman: Ja, es gab durchaus einige Momente dieser Art. Es ist heute durchaus üblich, menschliches Leid, welches durch Kriege oder andere Katastrophen verursacht wird, in laufenden Bildern den Zuschauern zu zeigen. Es war die Zeit des Kosovo-Krieges, als wir in einem Beitrag darüber berichteten, wie ein vollbesetzter Bus mit Kindern beschossen wurde und mehrere Kinder dadurch zu Tode kamen. Als eine weinende Mutter von der Großmutter, die durch den Krieg bereits ein Bein verloren hatte, in den Arm genommen und getröstet wurde und ich zwei Sekunden später wieder im Bild erschien, war es ausgesprochen schwer, die Beherrschung zu wahren. Ich unterdrückte mühsam die Tränen bis zum Ende der Sendung, danach brach es allerdings aus mir heraus. Ich wusste, dass es Tausenden anderen Menschen ähnlich gehen würde wie mir.

Friedrich Hänssler: *Mit welchen berühmten Leuten sind Sie zusammengekommen? (Auch bei Ihren Moderationen bei Ihren anderen Sendungen ...)*

Eva Herman: Es gibt wohl kaum berühmte Menschen in Deutschland, die ich nicht irgendwann im Laufe meiner Karriere persönlich getroffen hätte. Durch meine zehnjährige Talksendung allein befragte ich viele davon nach ihrem Leben. Auch bei Veranstaltungen und großen Shows trifft man ja immer die gleichen Verdächtigen. Alles in allem bleibt eine wichtige Erkenntnis: Überall wird nur mit Wasser gekocht, und bei jeder noch so ranghohen Persönlichkeit handelt es sich um einen Menschen aus Fleisch und Blut. Und noch etwas: Diejenigen, welche lange Zeit im Geschäft bleiben, sind meistens ganz normale Leute, eher bescheiden und positiv. Und sympathisch.

Friedrich Hänssler: War es manchmal auch lästig, so prominent zu sein, so im Rampenlicht zu stehen, allabendlich in das Wohnzimmer von Zigmillionen Menschen zu kommen?

Eva Herman: Nein, das kann man nicht sagen. Das Einzige, was lästig war und es heute auch noch manchmal der Fall ist, ist der Moment, wenn ich mit meinem Sohn unterwegs bin und er plötzlich für wildfremde Leute interessant wird, nur weil er mein Kind ist. Dann geschieht es schon einmal, dass ich recht schnell den Riegel vor ein solches künstliches Gespräch schiebe, ihn an der Hand nehme und weiterziehe.

Friedrich Hänssler: Eigentlich müssten Sie doch von ihrer erfolgreichen Öffentlichkeitsrolle her gesehen total erfüllt sein. Über die Möglichkeit der Selbstverwirklichung. Haben Sie tief innen doch etwas vermisst?

Eva Herman: Noch einmal, ich war sehr gerne Karrierefrau und habe meistens nichts vermisst. Manchmal gab es allerdings Momente, über die ich mir schon besondere Gedanken machte. So zum Beispiel, wenn ich wieder einmal im Flugzeug saß und von Punkt A nach Punkt B flog, um dann von Punkt B nach Punkt C zu fliegen, und überall ganz wichtig zu sein. Dann tauchten Fragen auf wie etwa: Ist das richtig, was du hier machst? Genügt dir das für ein ausgefülltes Leben? Wo bleibst du selbst dabei, dein Inneres? Zu Hause ist niemand, der auf dich wartet. Du hast kaum noch jemanden, der es wagt, dich zu korrigieren. Soll das jetzt ewig so weitergehen und sollte das tatsächlich schon alles gewesen sein?

Eigentlich ein fürchterlicher Zustand, zumal ich selber andere Menschen stets bedauernswert fand, die dort hingekommen waren, wo sie niemand mehr kritisierte, weil es sich keiner mehr traute. Und plötzlich war ich selber in der Situation. Also, es kamen schon Zweifel auf, ob das der richtige und alleine glücklich machende Weg war. Schwierig wurde es vor allem dann, wenn ich daneben verzweifelt versuchte, mein Inneres zu erkennen und zu finden. Denn ich war mein Leben lang auf der Suche. Neben der Karriere gab es noch einen anderen wichtigen Antrieb, nämlich die Suche nach der Wahrheit. Ich wollte unbedingt erkennen können, was die Wahrheit ist und was der Sinn meines Lebens sein sollte. Doch wenn ich mir derartige Fragen stellte, so wusste ich als Karrierefrau, dass ich bei der Beantwortung nicht weit kommen würde, denn diese Welten passten recht schlecht zueinander.

Friedrich Hänssler: Hatten Sie eigentlich gute Freunde in Ihrem Job?

Eva Herman: Das ist eine gute Frage. Um ehrlich zu sein: Nein, nicht wirklich. Zu Beginn meiner beruflichen Laufbahn war ich zwar ein fröhliches und verbindliches Wesen, das ständig versuchte, allseits immer für gute Stimmung zu sorgen, und so war ich bei einigen Leuten vielleicht auch beliebt. Doch legte ich zunehmend weniger Wert auf die Rolle der Alleinunterhalterin, je älter ich wurde. Betriebsfeiern oder Jubiläumsveranstaltungen besuchte ich höchst ungern, meist blieb ich ihnen fern. Tuscheleien oder die neuesten Lästereien einiger Kollegen waren mir immer zutiefst zuwider, und manchmal ergriff ich einfach Partei für den Abwesenden, über den wieder einmal hergezogen wurde, damit endlich Ruhe war. Freundschaften konnten sich so schwer entwickeln, interessante und zum Teil auch gute Bekanntschaften gab es allerdings immer wieder.

Ein Tagesschaukollege brachte es einmal auf den Punkt, als er sagte: Wir sind alle Einzelwesen, Individuen, bei denen wenig Platz für andere ist. Eigentlich eine traurige Feststellung. Uns gefiel sie damals allerdings, weil sie uns angeblich zu besonderen Wesen werden ließ. Lustig, oder?

Abschied vom alten Denken

Friedrich Hänssler: War die Geburt Ihres Kindes, das Erleben des Mutterseins der Anstoß Ihres Umdenkens?

Eva Herman: Ja, das war wirklich eine schlagartige Veränderung meines gesamten Denkens und Seins. Zwar widerfährt dies vielen werdenden Müttern, doch bei mir hatte es wirklich eine besondere Qualität mit nachhaltigen Folgen, wie man weiß. Denn nicht nur meine derzeitige Situation veränderte sich damals, sondern meine ganze Lebenseinstellung kam nun auf einen strengen Prüfstand. Erfolg, öffentliche Anerkennung, weiteres Karrierestreben, plötzlich kamen Zweifel auf über die Wichtigkeit und Bedeutung des sich ewig drehenden Hamsterrades. Immer wieder sah ich mich um. War ich glücklich, wirklich zufrieden mit meinem Dasein? Und die anderen, was war mit ihnen? Welche Inhalte hatte ihr Leben, was trieb sie? Letztlich, so musste ich feststellen, waren die Antriebsfedern immer wieder dieselben: Selbstverwirklichung, Selbstbestätigung durch beruflichen Erfolg und auch Eitelkeiten waren die häufigen Begleiter. Und was für die anderen galt, musste ich bei dem Blick in den Spiegel auch bei mir erkennen, so schmerzhaft dies auch war. Doch was wollte ich denn wirklich vom Leben? Wie erreichte man Glück, Zufriedenheit, Ruhe und Frieden? Du meine Güte, wenn ich an diese Zeit zurückdenke, wird mir noch ganz schwindelig. Mir halfen damals Spaziergänge draußen in der Natur. Hier fand ich meinen Frieden. Und dann wurde es immer deutlicher: Der Schöpfer und sein Werk, in welchem wir Menschen leben dürfen, die Erde, die Natur, die Sonne, der Mond und die Sterne, all dies waren meine Sehnsuchtsziele. Eine duftende Blumenwiese mit bunten Schmetterlingen, das Rauschen des Wassers am Strand oder die Stille hoch oben in den Bergen, sie bedeuteten mir plötzlich Glück. Und natürlich mein Kind, sein strahlendes Lachen und seine wundervolle Entwicklung.

Gottes Werk also bekam oberste Priorität, und die Auswirkungen seines Schaffens durchwirkten mich ständig mehr. Vielleicht liegt es ja an meinem Kind, das diese Veränderungen gefordert hat. Vielleicht wollte es Gott so, damit ich andere Einsichten bekomme. Ich sehe es im Nachhinein als große Gnade an, als ein Geschenk des Himmels, dass ich diesen Prozess, diese Metamorphose durchmachen durfte. Zu meinem Leben in den Medien passte diese Verwandlung natürlich nicht sonderlich gut, zumal ich ständig und zunehmend alles zu hinterfragen begann.

Friedrich Hänssler: Sie schrieben kurz nach der Geburt Ihres Kindes ein Buch über das Glück des Stillens. Hatte dies mit Ihrer neuen Entwicklung zu tun?

Eva Herman: Ja, so kann man wohl sagen. Es begann eigentlich mit dem Ratschlag einer lieben Kollegin.

Ich war damals schwanger, vielleicht im sechsten oder siebten Monat, da kam sie auf mich zu. Sie war beim Sender Expertin für Filmbeiträge über das vorgeburtliche Leben und die Mutter-Kind-Beziehung im Allgemeinen. Und sie fragte mich, ob ich mein Kind stillen wollte. Ich sagte damals völlig ahnungslos, ohne mich je zuvor damit beschäftigt zu haben: »Tja, ich weiß es noch gar nicht, mal schauen, ich möchte ja auch wieder schnell in meinen Beruf zurück.« Dann folgten die üblichen Ammenmärchen wie etwa: Ich möchte meine schlanke Figur so schnell wie möglich wiederhaben. Damals wusste ich nicht, dass man dann nur zu stillen braucht, möglichst lange, um ganz schnell sein ursprüngliches Gewicht wiederzubekommen, denn Stillen zehrt. Je länger man stillt, umso schlanker wird man, und umso gesünder ist das Kind. Man selbst übrigens auch. All das wusste ich natürlich nicht, denn ich hatte mich damit nie zuvor beschäftigt. Aus heutiger Sicht eine Katastrophe. Diese Kollegin schickte mir damals eine so genannte Stillberaterin ins Haus, von deren Existenz ich bis dato auch keine Ahnung gehabt hatte. Die ruhige, umsichtige und sehr freundliche Frau, die mich entfernt an eine weise Indianerin erinnerte, war drei Stunden lang bei mir zu Hause und berichtete mir aus einer fernen Welt, die ich zwar zu kennen und auch tief in mir zu tragen schien, es war eine Welt, in der man sich anders begegnet, nämlich mit den Sinnen und mit tiefer und bedingungsloser Liebe; diese Welt jedoch war mir so gut wie überhaupt nicht zugänglich gewesen in all den vergangenen Jahren und während des regsamen und emsigen Treibens. Eine uralte Melodie erwachte in mir, ja, ich kannte sie, doch hatte ich sie komplett verdrängt: Die Melodie der Liebe, der wunderbaren Schöpfung.

So erläuterte mir die Stillberaterin das große Geschenk, das wir Frauen vom Schöpfer erhalten, indem wir unsere Kinder stillen können, was bis vor 150 Jahren, bevor die künstliche Babymilch auf den Markt kam, für die Menschheit immerhin überlebenswichtig gewesen war.

Vom Glück des Stillens

Friedrich Hänssler: Hatten Sie sich denn vorher nie mit dem Thema Stillen beschäftigt?

Eva Herman: Nein, und ich kann es bis heute kaum glauben. Niemals zuvor hatte ich über die Vorteile des Stillens für das Kind, jedoch ebenso für die Mutter nachgedacht. Das Thema gehörte einfach nicht in meine Welt und in unsere moderne Zeit. Wie lange sollte man denn überhaupt stillen? Drei, vier Wochen? Sechs Monate?

Nein, besser ist es, dem Baby noch viel länger die Brust zu geben, aber das erzählen Sie heute mal jemandem. Ich erkannte plötzlich, ach, nur weil es jetzt das künstlich hergestellte Babypulver gibt, das in Plastikflaschen verabreicht wird, glauben wir, dass wir so modern und großartig geworden seien, dass wir die Schöpfergaben ignorieren könnten. Und dabei behaupten wir auch noch steif und fest, dass wir es besser könnten als er. Das Gegenteil stimmt. Muttermilch ist – sämtlichen Untersuchungen zufolge – das Allerbeste für das Kind. Für die Abwehrkräfte, für das Immunsystem und vor allem auch für die emotionale Entwicklung und die Liebesfähigkeit eines Menschen.

Die Stillberaterin hatte mir nicht nur klargemacht, was alleine gesundheitlich an immensen Vorteilen für den Rest des Lebens eines Menschen erwächst, wenn er lange gestillt wird. Sondern die zweite wichtige Säule des Gestilltwerdens ist die psychische Stabilmachung eines Menschen.

Friedrich Hänssler: Können Sie das näher erläutern?

Eva Herman: Natürlich, gerne. Ein Baby, das gestillt wird, liegt wohlig kuschelig im Arm der Mutter, fühlt die Haut der Mutter, blickt beim Trinken in die Augen der Mama. Beim Studieren des Gesichtes von Mama erfährt es zum ersten Mal das eigene Ich, denn die Mutter reagiert auf jedes Glucksen des Kindes wie ein Spiegel. Die Miene der Mutter ist damit ebenso der Schlüssel zur Sprachgrundlage, weshalb das Baby möglichst viel Gesichtskontakt zur Mutter haben sollte, alles in allem ein wichtiges und gewaltiges Wunderwerk der Natur. Unschätzbare Gaben und Gnaden der Natur. Dies alles schieben wir gedankenlos und oft sogar überheblich beiseite, weil wir Menschen inzwischen nicht selten der Ansicht zu sein scheinen, mindestens ebenso schlau wie der Schöpfer zu handeln. Verhängnisvoll, dieser Irrtum! Diese Situation, natürlich nicht nur alleine in diesem Bereich, sollte uns an das biblische Gleichnis des Turmbaus zu Babel erinnern und uns vielmehr als deutliche Warnung dienen.

Als die Stillberaterin mir damals berichtete, habe ich mehrfach innerlich mit mir geschimpft. Wie konnte ich als sogenannte Journalistin derartig fahrlässig mit diesem Thema umgehen? Selbst als werdende Mutter?

Als die Frau drei Stunden später das Haus verließ, war ich eine andere geworden. Ich war fest entschlossen, mein Kind so lange zu stillen, wie es das selbst nur wollte. Das dauerte schließlich etwas über ein Jahr. Vom heutigen Standpunkt aus betrachtet würde ich versuchen, mein Kind noch länger zu stillen. Entgegen allem Widerstand da draußen, der natürlich immens ist, denn ich bin fest von den vielseitigen positiven Wirkungen überzeugt. Man kann wirklich sagen, dass ich in meiner Schwangerschaft große Hilfen, beinahe kann man von guten Geistern sprechen, an die Seite gestellt bekam, damit ich mich um 180 Grad drehen musste, konnte und durfte.

Friedrich Hänssler: Haben Sie heute noch Kontakt zu dieser Frau, die Ihr Leben so umgekrempelt hat?

Eva Herman: Ja, manchmal treffe ich sie, vor allem dann, wenn ich Hilfe für andere Frauen, die nicht weiterwissen, suche. Auch als ich das Buch schrieb »Vom Glück des Stillens«, fragte ich sie und einige ihrer Kolleginnen um Rat. Sie haben mir enorm viel geholfen und ich habe sehr wichtige Dinge von ihnen für das natürliche Grundverständnis des Lebens gelernt.

Friedrich Hänssler: Stichwort Stillen – Nennen Sie uns doch bitte an dieser Stelle die drei wichtigsten Argumente fürs Stillen.

Eva Herman: Nun, ich schrieb ein ganzes Buch mit über 240 Seiten über den Nutzen des Stillens. Sie können sich daher vorstellen, dass es sich um ein umfangreiches Thema handelt. Es ist mir ein Bedürfnis, vorne anzustellen, dass meine Ausführungen zur reinen Information dienen und nicht etwa einigen Müttern ein schlechtes Gewissen bereiten sollen. Nicht einmal zehn Prozent der Kinder in Deutschland werden sechs Monate lang gestillt, einfach, weil es nicht modern ist. Und selbst Müttern, die ihrem Baby gerne länger die Brust geben möchten, wird das Leben ziemlich erschwert. Es weht ein anderer Zeitgeist, der sich beharrlich in den Köpfen der Gesellschaft festgesetzt hat. Stillen ist altmodisch, denn es bedeutet vor allem, Zeit für sein Kind haben zu müssen. Doch genau das ist ja kaum noch möglich. Denn Frauen sollen so schnell wie möglich wieder zum Geldverdienen aus dem Haus geschickt werden.

Doch es ist hochinteressant, sich ein Bild darüber zu machen, auf was wir alles verzichten, wenn wir unser Kind mit künstlichem Babypulver füttern, anstatt es naturgemäß zu stillen. Als ich für das Buch Informationen sammelte, kam ich aus dem Staunen nicht mehr heraus.

Wenn man über die Vorteile berichtet, muss man auch die Nachteile benennen. Meine weltweiten Recherchen ergaben ganz klar: Es existieren keine Nachteile! Stillen ist für das Kind die allerbeste Nahrung und die vorteilhafteste Grundlage für ein gesundes, glückliches, erfülltes und langes Leben. Wer Nachteiliges behauptet, sagt definitiv die Unwahrheit.

Selbstverständlich versuchen Interessensgruppen aus der Industrie und leider auch aus der Politik immer wieder, Negativnachrichten über das Stillen zu streuen. So taucht in regelmäßigen Abständen die irreführende Meldung auf, Muttermilch sei schadstoffbelastet und deswegen ungesund für das Baby. Ein Teil dieser Meldung stimmt zwar: Muttermilch ist schadstoffbelastet, doch ist sie genau so belastet wie alle anderen Produkte dieser Erde auch. Somit aber ist logischerweise auch das künstliche Babypulver kontaminiert, denn es wird aus Rohstoffen dieser arg belasteten Erde hergestellt, und bis auf ganz wenige Ausnahmen macht man sich in der Industrie kaum die Mühe, Milch und Zutaten zu verwenden, die ökologisch unbedenklich, also weitgehend schadstoffunbelastet sind. Darüber wird dann natürlich nicht berichtet.

Es ist sehr wichtig, dass eine werdende Mutter sich ganz bewusst gesund ernährt, möglichst mit unbelasteten Lebensmitteln. Dann ist auch ihre Milch so rein, wie es überhaupt nur noch möglich sein kann auf unserem strapazierten Planeten.

Nun kommen wir zu den Inhalten der Muttermilch. Hier stehen wir vor einem wahren Wunderwerk, denn sie enthält derartig viele unterschiedliche Immun-, Vitamin-, Hormon- und weitere natürliche Stoffe, die man unmöglich in künstlichem Pulver in dieser Reinheit unterbringen kann. Kein Arzneimittelprodukt dieser Erde könnte diesen Zaubermix der

Natur ersetzen oder auch nur in die Nähe der vielfältigen Wirkungen geraten, abgesehen davon, dass es in dieser vielseitigen Zusammensetzung unbezahlbar wäre. Die Auswirkungen sind bedeutsam für die gesamte gesundheitliche Entwicklung eines Menschen bis ans Ende seines Lebens. So weiß man heute zuverlässig, dass länger gestillte Kinder auch späterhin erheblich seltener an Krebs, Herz- und Kreislauf-, Magen-Darm- und Atemwegserkrankungen leiden müssen, ebenso geht dies alle anderen Gebrechlichkeiten und Hinfälligkeiten und Seelenkrankheiten an, die einen Menschen je befallen können. Länger gestillte Menschen sind außerdem nachweislich erfolgreicher, intelligenter und sogar schöner, denn das Saugen an der Mutterbrust ist im Vergleich zur Flaschennahrung, aus der einfach alles in den Mund fließt, anstrengender, alle Gesichts- und Kiefermuskeln arbeiten aktiv während dieses Vorgangs. So bilden sie sich ganz anders aus und lassen die Gesichtszüge eines Menschen gleichmäßiger und schöner entwickeln. Selbst Zahnspangen wären nahezu überflüssig, würden die Babys länger gestillt werden, denn auch hier bildet sich durch das kräftige Saugen der im Wachsen begriffene Kiefer naturgerechter aus und rückt alles, Unter- und Oberkiefer, somit in die richtige und vorgesehene Position.

Doch auch die psychische Säule des menschlichen Lebens wird entschieden stabiler und widerstandsfähiger. Ein Baby hat immer dieselben Bedürfnisse, egal, ob es in Deutschland oder in Sibirien zur Welt kommt, gleichgültig auch, ob es in der heutigen Zeit oder vor zweitausend Jahren geboren wurde. Es möchte in den Armen der Mutter sein, deren Haut spüren und riechen, ihre Milch trinken, die übrigens genau den gleichen, vertrauten Geschmack wie Mamas Fruchtwasser hat, ihre Stimme hören, die es seit seiner sechzehnten Lebenswoche vernehmen konnte, ihre ganze warme Liebe spüren. Es kennt den Herzschlag der Mutter seit über neun Monaten. Der natürliche Impuls der Mutter ist es deswegen, das Kind meist links auf dem Arm zu tragen. Wenn all diese Anliegen erfüllt werden, so lernt das kleine Kind: Meine Bedürfnisse werden bestens erfüllt, also sind sie richtig, also bin auch ich richtig. Das ist das beste Fundament für ein starkes Selbstbewusstsein, um es in kurzen Worten auszudrücken.

Wenn die Signale der Mutter an das Baby allerdings entgegengesetzt ausfallen, die Bedürfnisse also nicht erfüllt werden, das Kind keine Muttermilch bekommt, nicht im Arm der Mama liegt, sondern im Kinderwagen, während ihm die künstliche Milch aus der Plastikflasche verabreicht wird, die Mutter eventuell gar abwesend ist, weil sie arbeiten muss, dann erfährt das Kind eine massive Ablehnung seiner natürlichen Anliegen. Und es muss lernen: All das, was ich mir so sehnlich wünsche, findet keine Erfüllung. Also scheinen diese Anliegen nicht richtig zu sein. Bei häufigeren Enttäuschungen wird die Erkenntnis weiter zugespitzt, das Kind spürt: Meine Bedürfnisse sind nicht richtig, also bin ich es auch nicht. Diese Kinder werden negativ geprägt. Prägung bedeutet, dass das, was wir in den ersten drei bis vier Lebensjahren erfahren, uns formt und prägt bis ans Ende unserer Tage. Lernen wir, Liebe zu bekommen, dann können wir sie auch später an andere weitergeben. Lernen wir Ablehnung, so formt uns dies ebenso, wohlgemerkt, diese Erfahrungen prägen uns bis ans Ende unseres Lebens. Vernachlässigte Kinder werden es immer schwerer haben, sie werden sich häufig falsch verstanden und zurückgesetzt fühlen. Ihr Selbstverständnis ist gestört und damit auch ihr Selbstbewusstsein, ihr Urvertrauen. Jeder Mensch weiß, wer immer nur allein mit sich und seinen persönlichen Problemen beschäftigt ist, hat kaum Zeit und Gelegenheit, sich um wirklich wichtige Angelegenheiten, um seine eigene geistige Entwicklung, das Lernen und die

Fortbildung, aber auch um menschliche Beziehungen zu kümmern.

Ein Kind also, welches keine gute Bindung an seine Mutter erfährt, wird im weiteren Leben eher problematische Beziehungen haben, abgesehen davon, dass eben auch die gesundheitliche Lebenssäule instabiler ist als bei jenen Kindern, die ihre naturgemäßen Zuwendungen erhielten. Oder einfacher ausgedrückt, die genügend Liebe von ihrer Mama bekamen. Ein weiterer und für viele Familien wichtiger Vorteil des Stillens ist übrigens die Kostenfrage: Wer sein Baby stillt, spart etwa hundert Euro im Monat.

Das Gotterkennen

Friedrich Hänssler: Gibt es nicht noch einen tieferen Grund für Ihr Umdenken? Ist dieses Umdenken nicht vielleicht auch ein Zeichen für Ihre innere Suche nach einem Schöpfergott?

Eva Herman: Es ist gut möglich, dass Sie Recht haben, denn mit dem allmählichen Erkennen der großen, unbeschreiblichen Schöpfung habe ich auch Gott immer deutlicher erkannt. Es heißt zwar, wir sollen uns kein Bildnis machen, und ich mache mir auch kein Bildnis von ihm, aber ich begreife ihn täglich vielfältig in seinem großen Werk. Egal, ob ich eine faszinierende Blume erblicke oder mir den höchst diffizilen Körperbau einer Libelle ansehe oder eine atemberaubende Landschaft genieße, immer ist damit auch Gott anwesend und tief in der Seele spürbar. Die lückenlose Zuverlässigkeit seines wunderbaren Systems, die mir auch durch das Wissen um die Vorteile des Stillens so deutlich gemacht wurde, beeindruckt mich ungemein. Keine Menschenerfindung wird auch nur die äußerste Nähe seiner Vollkommenheit erreichen können. Seit diesen Einsichten fällt mir das Leben in der hektischen und vom Materialismus bestimmten Zeit nicht gerade leichter und meine romantischen Vorstellungen passen immer weniger zu den äußeren Umständen. Doch habe ich mich vor einigen Jahren dazu entschlossen, diese wunderbare und lebensfördernde Einsicht weiterzuentwickeln, um selbst voranzukommen auf dem wahren Weg zum Sinn des Lebens. Man kann es auch mit dem Ausspruch aus der Apostelgeschichte beschreiben, in der es heißt:»Man muss Gott mehr gehorchen als den Menschen.«

Friedrich Hänssler: Wie hat Ihr Mann auf Ihre innere Wandlung reagiert und hat sich Ihre Beziehung dadurch verändert?

Eva Herman: Mein Mann ist mir eine große Hilfe. Er unterstützt mich, wo er nur kann. Und er selbst hat den Weg zu Gott ebenfalls gewählt. Wir können stundenlang durch die Natur laufen, am Wasser sitzen oder auf den Gipfel eines Berges wandern, um dort innezuhalten und zu beten. Beim Betrachten und Erleben der Schöpfung öffnet mein Mann sein Herz und ist ganz pur in seiner Liebe. Dies sind sehr wertvolle Momente, die uns als Paar fester zusammenschmieden.

Friedrich Hänssler: Hat sich die Rolle Ihres Mannes dadurch verändert?

Eva Herman: Wir sprechen oft über die unterschiedlichen Aufgaben von Mann und Frau. Um ehrlich zu sein, hatte mein Mann eigentlich von Anfang an in unserer Beziehung eine klare Vorstellung davon, was er geben wollte und was er von mir erwartete, und er war wesentlich enger am Schöpfungsauftrag, als ich es damals war. Er zeigte mir auch, was wirkliche Liebe ist. Durch ihn konnte ich viel lernen.

Friedrich Hänssler: Wie hat Ihre Umgebung auf Ihren Mutter-Schwenk mit Ihren Muttergefühlen reagiert?

Eva Herman: Was mein persönliches Umfeld angeht, so wussten die Menschen, die mich gut kannten, dass ich lange schon auf der Suche gewesen war und sicher auch einiges ausprobiert hatte, was nicht unbedingt ans Ziel führte. Man wusste, dass es mir ernst war. So waren wohl die wenigsten wirklich überrascht von meiner Entwicklung.

Im Beruf sah das schon anders aus. Ich war in den Medien tätig, im Fernsehen. So sehr sich der eine oder andere Redakteur auch bemühen mochte, bei seiner täglichen Arbeit den Schöpfer nicht zu vergessen, so geht es doch bis heute letztlich um nichts anderes als um eine hohe Einschaltquote. Dafür wird beinahe alles getan, ob es Gott nun gefällt oder nicht.

Der Umstand, dass ich Anfang des dritten Jahrtausends ein Stillbuch herausbrachte, sorgte bereits für allgemeine Verwirrung. Was hatte eine berühmte Fernsehmoderatorin mit einem solchen Thema zu schaffen? Wenige Kollegen im Sender sprachen mich darauf an, die meisten versuchten anscheinend, es zu ignorieren, zumindest mir gegenüber nicht darüber zu sprechen.

Die Reaktionen in den Zeitungen waren eher gemischt: Während sich einige wenige Journalisten darum bemühten, den Inhalt des Buches sachlich und thematisch zu verstehen, ohne ihn mit mir als blonder Fernsehfrau zu vermengen, sorgten andere Blätter für öffentliches Hohngelächter. Ein vermeintlich besonders pfiffiger Schreiberling griff mich auf einer Veranstaltung persönlich und lautstark an und fragte mich, ob ich noch alle Tassen im Schrank hätte, und dass es doch völlig utopisch sei, in der heutigen Zeit über so etwas Verstaubtes wie das Stillen zu referieren.

Nun ja, es war wahrscheinlich für einige Leute eine hübsche Überraschung, und ich wurde vorsichtig auf das vorbereitet, was wenige Jahre später durch meine weiteren Bücher folgen sollte.

Friedrich Hänssler: Wie haben Sie früher über Gott gedacht? Waren Sie ab und zu noch in einer Kirche?

Eva Herman: Mit meiner Mutter, vor allem aber auch mit meiner Großmutter sind wir Kinder ziemlich geregelt sonntags in die Kirche gegangen. Wir lernten alle Lieder singen, und wir beteten auch zu Hause viel: Morgens, mittags, abends und vor dem Einschlafen. Meine Oma hatte eine gewisse Kirchenfrömmigkeit. Doch glaube ich, dass sie auch zu Gott und seinem Sohn ein sehr tiefes Verhältnis hatte. Meine Mutter hingegen fühlte sich draußen in der Natur ganz zu Gott gezogen. Niemals tat sie einer Fliege etwas zuleide. Und sie lehrte uns Kinder, jedes Leben zu achten, und sei es noch so klein und scheinbar unbedeutend. Sie brachte uns den Respekt vor dem großen Wunderwerk Schöpfung näher. Und sie führte uns oft in die kleinen Wälder, um mit uns gemeinsam »Tannenwalds Kinderstube«, wie sie es nannte, zu besuchen. Dort wohnten Wichtel und Elfen, der alte Riese bewachte und beschützte uns bei Unwettern und Gott, der alles in Liebe für uns erschaffen hatte, wohnte über dem Himmelszelt. Eine wunderbare Prägung, für die ich meiner Mutter ewig dankbar sein werde.

Mit den Jahren gingen wir unsere eigenen Wege, und wie ich bereits erwähnte, begann dann die Suche nach der Wahrheit, die ich im alltäglichen Arbeitsaufkommen zunächst zunehmend verlor.

Kinderglück

Friedrich Hänssler: Lassen Sie uns doch noch mal kurz zur Geburt Ihres Sohnes und die ersten Monate danach kommen? Wie haben Sie die Geburt empfunden?

Eva Herman: Es war einer der beglückendsten Momente meines ganzen Lebens. Plötzlich war er da, der kleine Mensch, den ich so sehr herbeigesehnt hatte. Er lag in meinem Arm, und es war das Selbstverständlichste der Welt, so, als wäre er schon immer da gewesen. Manche Mütter berichten von einem Fremdheitsgefühl in den ersten Wochen und Monaten gegenüber ihrem Kind, doch das gab es bei uns nicht. Alles fühlte sich richtig an. Und da ich durch die Stillberaterin so gut vorbereitet worden war, fühlte ich mich auch sicher im Umgang mit dem neugeborenen Kind. Als die gut meinende Kinderschwester den Kleinen abends mit ins Säuglingszimmer nehmen wollte, sagte ich: »Stopp! Der bleibt hier!«

Ich müsse aber Ruhe bekommen, entgegnete sie. »Ja«, antwortete ich, »da haben Sie Recht. Und die Ruhe habe ich nur dann, wenn mein Sohn bei mir ist. Und zwar in meinem Bett, und nicht etwa in dem Babybettchen dahinten.«

Das war natürlich ungewöhnlich, und sie wurde auch ungehalten mit mir. Dabei bin ich überzeugt davon, dass sie alles nur richtig machen wollte. Sie schaltete dann übrigens ihren Mann ein, der beim Sender wiederum mit meinem Mann zusammenarbeitete. Und ihr Mann versuchte nun, mit meinem Mann über mich zu sprechen, und bat ihn, positiv auf mich einzuwirken. Das war wirklich zum Kaputtlachen. Aber mal im Ernst: Neugeborene Menschenkinder wollen genauso durchgängig bei ihrer Mutter sein wie kleine Hundewelpen oder Katzenbabys. Und keine Tiermutter dieser Erde würde die Kleinen freiwillig alleine lassen, außer sie muss zum Überleben für Futter sorgen. Dann trifft sie umfangreiche Maßnahmen, um die Kleinen in dieser Phase zu sichern.

Wir Menschen haben uns derartig weit weg von allem Natürlichen entfernt, dass es kaum zu glauben ist. Und leider sind diese künstlichen Lebenseinstellungen zum heutigen Maßstab aller Dinge geworden. Und wenn jemand dann einwendet, dass der natürliche Umgang doch günstiger und einleuchtender und auch besser für uns Geschöpfe sei, dann sind alle ganz aufgewühlt. Weil sie tief in ihrem Inneren natürlich wissen, dass es die Wahrheit ist.

Friedrich Hänssler: Hat das Stillen gleich geklappt? Darf ich so direkt fragen?

Eva Herman: Ja, es klappte zum Glück wirklich prächtig. Doch auch hier muss man einiges wissen. Die Psyche der Frau, ihre innere Einstellung bestimmt darüber, wie erfolgreich es klappt beim Stillen. Wer Druck hat, ob aus seinem privaten Umfeld oder dem beruflichen, wird schneller Probleme bekommen. Wichtig ist ein stillfreundliches Umfeld, die liebevolle Unterstützung für Mutter und Kind. Die meisten Mütter möchten gerne ihrem Kind die Brust geben, die wenigsten schaffen es allerdings für eine längere Zeitspanne. Jede kleine Brustentzündung entmutigt sie, jeder Milchstau hemmt sie weiter. Dabei treten diese Entzündungen bei nahezu allen Müttern einmal auf, weil das Saugen natürlich ungewohnt ist. Mit einigen kleinen, einfachen Hausmittelchen wie Kamillenteebeuteln oder Quarkwickeln hat man das schnell wieder im Griff. Die Mütter müssen ernst genommen werden und ihr Wille zu stillen ebenso. Manchmal ist es wichtig, dass Tränen fließen, denn dann lockert sich auch die innere Blockade und schon fließt auch die Milch wieder. Die Frauen brauchen neben der Unterstützung des Mannes auch Hilfe im Haushalt, die es ihnen ermöglicht, sich dem Baby zuzuwenden. Und sie brauchen unendlich viel Liebe. Diese erste innige Mutter-Kind-Phase birgt große Geheimnisse, hier wird das Band für ein ganzes Leben geschmiedet. Und dies sollte mit der größtmöglichen Umsicht und Nachsicht geschehen.

Friedrich Hänssler: Wie lange, wie viele Monate waren Sie zu Hause? Wie viele Stunden und ab wann haben Sie wieder gearbeitet?

Eva Herman: Zunächst dachte ich, dass ich trotz aller Kenntnisse über das Stillen recht schnell wieder arbeiten könnte. Meine Schwiegereltern waren zu uns gezogen und wir hatten das, was man eine gemütliche Familie nennt, eingerichtet, fast wie im Bilderbuch: Haus mit Garten, Kind, Hund, Oma und Opa. Und so genoss ich meinen gesetzlichen Mutterschaftsurlaub und tobte dann wieder los, mit der elektrischen Milchpumpe unterm Arm. Die schloss ich dann alle drei Stunden in der Redaktion an, zog mich zurück und pumpte die Milch für mein Kind ab. Na, ja, ich hielt mich wacker, aber die Ideallösung war das nicht. Denn mein Kind war zu Hause, und ich war schnell wieder im Stress. Möglich, dass ich ein Extremfall war, aber ich hatte jede Sekunde Sehnsucht nach dem Kleinen. Und obwohl ich genau wusste, dass es keine bessere Ersatzperson für ihn geben konnte als die Omi, war ich nicht nur glücklich mit der Situation.

Nach einigen Monaten ließ ich mich für ein gutes Jahr von der Tagesschau freistellen und moderierte nur noch an einem Tag im Monat meine Talkshow. So hatte ich Zeit für mein Kind.

Friedrich Hänssler: Wie stehen Sie zu Tagesmüttern?

Eva Herman: Das ist eine schwierige Frage, wenn man bedenkt, dass ich der Betreuung durch die leibliche Mutter immer den Vorrang gebe. Doch wissen wir ja, dass dieses Modell nicht einfach ist in der Umsetzung. Denn viele Frauen müssen Geld verdienen und so suchen sie sich häufig eine Tagesmutter. Ob diese nun gut für das Kind ist oder nicht, hängt von zahlreichen Umständen ab: Hat sie selber Kinder? Hat sie genügend Zeit für die einzelnen Kinder? Hat sie genügend Liebe für fremde Kinder? Gibt es enge Absprachen zwischen Mutter und Tagesmutter, die verlässlich eingehalten werden? Existiert ein ähnlicher »Stallgeruch«, das heißt, ist man sich in der Art ähnlich? Und so vieles mehr. Ach, es ist schwierig, sein eigen Fleisch und Blut in fremde Hände zu geben, und ich bin froh darüber, dass wir das einigermaßen gut überstanden haben.

Friedrich Hänssler: Was halten Sie von der Babypause mit Elterngeld, das ein Jahr lang bezahlt wird und sich um zwei Monate verlängert, wenn der Partner sich auch daran beteiligt? Ist das ein sinnvoller Schritt in die richtige Richtung?

Eva Herman: Es ist ein ganz guter Schritt in die richtige Richtung. Und doch gibt es auch hier Fußangeln und viel Augenwischerei. Denn eine Mutter bekommt nach der Geburt 67 Prozent ihres letzten Gehaltes. Wer also gut verdient hat, kann zufrieden sein. Eine Frau allerdings, die schon vorher Kinder bekam und bereits längere Zeit zu Hause ist, erhält nur einen Sockelbetrag von 300 Euro. Ebenso gilt: Wessen Einkünfte vorher nicht so hoch waren, der bekommt entsprechend niedriges Elterngeld. Alles in allem kann man feststellen, dass der Staat durch diese neue Regelung mehr einspart, als dass er Geld an die Familien auszahlt. Und was die Beteiligung durch die Väter angeht, so kann man auch hier sagen:

Prima, so hat jeder Papa die Gelegenheit, sein Kind besser kennenzulernen. Die Erfolgsmeldungen der Regierung allerdings muss man auch näher untersuchen. So wird freudig erregt darüber berichtet, dass viele Väter dieses Angebot nutzen würden. Das stimmt auch, doch die wenigsten beantragen das Elterngeld für zwei Monate. Die meisten Väter lösen diese Situation wie vorher auch schon: Sie nehmen etwa zwei, drei Wochen Urlaub um den Zeitpunkt der Geburt herum.

Kernthesen des Eva-Prinzips und die Folgen

Friedrich Hänssler: Kommen wir zu Ihrem Eva-Prinzip und dem berühmten Cicero-Artikel. Würden Sie die Kernthesen einmal für uns zusammenfassen?

Eva Herman: Nun, vieles von dem, was wir im Laufe des vorangegangenen Gesprächs besprochen haben, findet sich hier eigentlich schon wieder. Die Überschrift des Cicero-Artikels lautete: »Ist die Emanzipation ein Irrtum?« Diese Frage stellte sich, nachdem nicht nur ich selbst erkannte, wie schwierig es war, mein Kind, meine Familie und meine Karriere zu koordinieren. Ein Blick in die Gesellschaft genügte, um festzustellen, dass es den meisten Frauen ebenso erging, nämlich, sie haben Probleme damit, alles unter einen Hut zu bekommen. Zudem brauchen wir uns nur in Ruhe unsere demografische Entwicklung anzusehen und dann wissen wir, dass wir definitiv aussterben werden, wenn nicht ein Wunder geschieht. Denn inzwischen werden dramatisch wenige Kinder geboren. Daran ändern auch einige winzige Zuwächse nichts, die in dem einen oder anderen Monat einmal zu verzeichnen sind und als große Wende bezeichnet werden. Kinder, die nicht geboren wurden, können schließlich auch keine Kinder in die Welt setzen. Unsere demografische Pyramide steht praktisch bereits auf dem Kopf. Hinzu kommt, dass immer weniger Männer die Verantwortung für eine Heirat, die Familiengründung und für eigene Kinder übernehmen wollen. Darüber und vieles mehr, was in diesen Zusammenhang gehört, habe ich geschrieben. Ich stellte die Frage, ob es möglich sein könnte, dass die allseits sehr begabten Frauen, die in der Tat viel zu leisten fähig sind, sich übernommen haben könnten. Ich brachte damit auch Kritik am Staat in Verbindung, der Frauen heutzutage systematisch zwingt, frühzeitig nach der Geburt das Kind wegzuorganisieren und wieder Geld verdienen zu gehen. Und ich zog die angebliche Erfolgsbilanz der Feministinnen in Kritik, die mit ihren Allmachtsforderungen für die Frauen den Bogen längst überspannt haben und trotz der dramatischen gesellschaftlichen Veränderungen nicht aufhören wollen mit der Durchsetzung ihrer unsinnigen Gleichstellungspolitik.

Der Untertitel des »Eva-Prinzips« lautet: »Für eine neue Weiblichkeit.« Zu diesem Thema untersuchte ich die Situation der heutigen Frau, ihr Auftreten, ihre Ziele, ihre Entwicklung. Und dabei stellte ich fest, dass die weiblichen Eigenschaften sich in unserer Gesellschaft auf dem Rückzug befinden, weil Frauen in der von Männern dominierten Arbeitswelt zunehmend auf ihre weichen, emotionalen Eigenschaften verzichten müssen, um »ihren Mann« zu stehen.

Friedrich Hänssler: Und wie ging es dann öffentlich weiter?

Eva Herman: Nach der Veröffentlichung des Cicero-Artikels, der übrigens am selben Tag erschien wie der Familienbericht des Bundesministeriums für Familie, schlugen die Wellen hoch. Denn die Ministerin warf in diesem Zusammenhang den Müttern, die daheimbleiben, Hedonismus vor, also ein Leben nach dem Lustprinzip. Das sorgte für öffentlichen Ärger. Und so sah sie sich gezwungen, diese Aussage wieder zurückzunehmen. Am selben Tag kam ich nun daher mit meinen Thesen, schrieb also das genaue Gegenteil von dem, was eigentlich politisch vorgedacht war. Und plötzlich hatte sich eine bis dato fast unsichtbare, neutrale Tagesschausprecherin in die aktuelle Familienpolitik eingemischt, die zudem alles andere war als politisch korrekt. Eine weitere Todsünde kam hinzu: Ich stellte die Arbeit der Feministinnen infrage.

Mein Chefredakteur legte mir daraufhin dringend nahe, die Talkshows wie Christiansen oder Illner nicht zu besuchen, um die Neutralität der Tagesschau nicht zu gefährden. Sie können sich vielleicht vorstellen, dass dies sehr schwer für mich war. Denn ich hatte zwar eine verkürzte These in die Landschaft gestellt, durfte sie jedoch nicht weiter erläutern, was dringend notwendig gewesen wäre.

Friedrich Hänssler: Warum haben Sie es dann doch gemacht?

Eva Herman: Zunächst habe ich mich daran gehalten und geschwiegen. Und es entbrannte eine erhitzte Diskussion im Lande. Die einen sagten: »Sie hat recht.« Die anderen behaupteten, ich sei einfach nur unwissend. Andere wiederum, vornehmlich die Feministinnen, forderten meine Absetzung bei der Tagesschau. Allabendliche Talkshows behandelten das Thema, alle redeten öffentlich über mich, nur ich selbst war nicht dabei. Die verbalen Entgleisungen einiger sogenannter Prominenter bedeuteten mir, dass ich mich warm anziehen musste.

Als einer meiner Chefs mir in einem Vier-Augen-Gespräch sagte, dass er selbst seinen Beruf nicht ausüben könnte, wenn nicht seine Frau ihren Job an den Nagel gehängt hätte, um sich um die gemeinsamen Kinder zu kümmern, man dies jedoch nicht unbedingt öffentlich sagen sollte, schwante mir einiges.

Ich hatte ein klassisches Tabuthema angefasst, und das war mir auch vorher klar gewesen. Doch die Häme und Härte, in der rücksichtslos über mich berichtet worden war, machten klar, dass da etwas aufgebrochen worden war, was viel tiefer ging. Es betraf einen jeden Lebensentwurf in unserem Land, jeder konnte mitreden, hatte eine eigene Meinung und vielen wurde durch diese Diskussion erst klar, dass sie sich möglicherweise in einer Sackgasse befanden. Da man das nur schwer zugeben kann, drehten etliche Leute den Spieß um und griffen nun mich als Person an.

Hätte ich an dieser Stelle Ruhe gegeben und nach dem Cicero-Artikel so getan, als ob nichts gewesen wäre, dann hätte sich die Situation schnell wieder beruhigt, wie das nun einmal so üblich ist in unserer schnelllebigen Zeit. Denn schon am nächsten Tag findet sich eine neue Sau, die durchs Dorf gejagt wird. Doch das war mir nicht mehr möglich. Ich war so sehr überzeugt davon, dass wir unbedingt weiter über dieses Thema diskutieren müssen, alleine schon der vernachlässigten Kinder wegen, dass ich beschloss, ein Buch darüber zu schreiben.

Friedrich Hänssler: *Mit wem konnten Sie eigentlich vertraulich in dieser Phase sprechen?*

Eva Herman: Mit meinem Mann, mit meiner Mutter und einigen Freunden. Meine Mutter war mir eine besonders große Hilfe, denn sie war sehr lebenserfahren und sie unterstützte mich in meinen Gedanken, wo sie nur konnte. Ebenso mein

Mann, der sich schützend vor mich stellte und mit großer Sachkenntnis jede Debatte auf sich nahm und mich wie ein Löwe verteidigte.

Wahrheit oder Wahnsinn?

Friedrich Hänssler: *Nun hat ja die breite Öffentlichkeit auf Ihre Bücher reagiert und es gab eine große Pressekampagne gegen Sie. Wie haben Sie das empfunden?*

Eva Herman: Es ist natürlich zum Teil nicht sehr angenehm gewesen, und einiges tat auch weh. Da ich aber bis heute fest überzeugt bin von der immensen Bedeutung dieser Diskussion, gab es seinerzeit für mich keinen anderen Weg, ebenso wie auch heute nicht. Ich hätte mich ohne Probleme nach dem Cicero-Artikel wieder meiner Fernsehaufgabe zuwenden können, hätte ein ruhiges und »bewundernswertes« Leben geführt und alles wäre gut gewesen. Und damit, so glaube ich, rechneten auch die meisten. Viele sahen diese Veröffentlichung zunächst als einen Ausflug in fremde Gefilde an, der schon bald wieder beendet sein würde. Und das unliebsame Thema wäre damit nach einigen Unruhen wieder erledigt gewesen.

Unmöglich für mich, denn die Wichtigkeit drängte und es war durchaus nicht so, dass es ausschließlich Kritik gehagelt hatte. Im Gegenteil: Tausende Menschen schrieben und dankten mir, Frauen, die in der Klemme zwischen Beruf und Familie waren und die über ihre traurigen und anstrengenden Erfahrungen berichteten. Viele von ihnen baten mich, bloß weiterzumachen, damit endlich auch öffentlich und ehrlich darüber gesprochen würde und nicht nur hinter vorgehaltener Hand.

Der Redakteur einer großen Zeitung sagte in dieser Zeit zu mir: »Hier bei uns in der Redaktion finden stundenlange Kämpfe über Ihr Thema statt.« Er berichtete, dass die Redaktion, ja, das ganze Verlagshaus in zwei Lager geteilt sei. Da waren die, die sagten: »Die Herman spinnt komplett.« Und auf der anderen Seite gab es viele, die meine Auffassung teilten.

Friedrich Hänssler: Das heißt, dass Einzelne Sie tatsächlich für verrückt erklärt haben, weil Sie von der üblichen Meinung unserer Gesellschaft abgewichen sind?

Eva Herman: Oh ja, natürlich. In zahlreichen Zeitungsartikeln war mein Geisteszustand in Frage gestellt worden. Es sind Parallelen gezogen worden zwischen meinen merkwürdigen Ideen und meiner Haarfarbe, dann dem Umstand, dass Tagesschausprecher ohnehin nur vom Blatt ablesen würden und deswegen zu selbstständigem Denken ungeeignet seien und vieles mehr. Doch sind das nur Kleinigkeiten im Gegensatz zu manchen heftigen persönlichen Angriffen.

Die Feministinnen und die Nazis

Friedrich Hänssler: Was hat man Ihnen so alles an den Kopf geworfen? Lassen Sie uns daran Anteil haben?

Eva Herman: Blond und doof. Später kamen die Vorwürfe: Entweder sie ist nur doof oder sie ist braun. Denn ich unterstrich mit meinen Ausführungen, so wurde behauptet, das traditionelle Familienbild. Das war natürlich sehr suspekt und so stellte man mich von Anfang an unter Generalverdacht. Ich wurde später, mit dem Erscheinen des Buches »Das Prinzip Arche Noah«, mit noch viel schwereren Vorwürfen konfrontiert, die ich zum Teil bis heute nicht wirklich verarbeitet habe. Doch dazu später mehr.

Bereits kurz nach dem Erscheinen des Cicero-Artikels wurde im »Spiegel« ein Interview mit Deutschlands Chef-Feministin Alice Schwarzer geführt. In diesem siedelte sie meine Thesen ohne Not zwischen Steinzeitkeule und Mutterkreuz an. Und auf die Frage, ob ihr denn die demographische Entwicklung keine Sorge bereite, hatte sie forsch geantwortet: »Wir müssen doch dem Führer heute kein Kind mehr schenken.« Unfassbar, eine dreiste Verharmlosung unserer gesellschaftlichen Herausforderungen und noch viel mehr eine ungeheuerliche Unterstellung, bereits mit dem eindeutigen Vorsatz zum Missverständnis ausgestattet.

Wenige Wochen später titelte die linke TAZ auf einer Seite mit dem Begriff »Das Eva-Braun-Prinzip«. Der Mechanismus, der dahinter steckt, das ausgeklügelte System, welches bisher auch stets bei anderen zur Abwehr erfolgreich gewirkt hatte, sieht Folgendes vor:

Wenn jemand mit derartig unliebsamen Thesen daherkommt, das angeblich traditionelle Familienbild, welches in Wahrheit das natürliche ist, hervorhebt, so wird sofort die braune Keule über ihm geschwungen, damit er schlagartig in die rechte Ecke geschoben wird und ihm nicht weiter Gehör geschenkt wird. Er wird mundtot gemacht. Denn eines ist doch klar: Wenn Sie heute in Deutschland in die rechte Ecke geschoben werden, dann bleiben Sie da auch erst einmal schön drin. Es ist äußerst schwierig, diese schreckliche Nische jemals wieder zu verlassen. Diesen gut funktionierenden

Mechanismus kennt und nutzt die links-feministische Szene in solchen Fällen häufiger und provoziert bei vermeintlicher Gefahr sofort eine derartige Diskussion, wie ja auch andere Fälle belegen.

Das ist mir nun auch widerfahren. Die Vorwürfe, die mir zur Last gelegt wurden, haltlose, frei erfundene Vorwürfe, wie eindeutig belegbar ist, sprechen in diesem Zusammenhang Bände. Jene rechtsradikalen Geister, die plötzlich gerufen werden, kommen in Wirklichkeit aus genau jener Ecke herausgeschossen, die mich beschuldigt, rechtsradikal zu sein. Dazu muss man erwähnen, dass ich mich jahrelang in Vereinen aktiv beteiligte wie bei »Laut gegen Nazis«. Und auch für die Arbeit von »Gesicht zeigen« interessierte ich mich ebenfalls sehr und erhielt regelmäßig Newsletter darüber.

Wie widerwärtig mir die menschenverachtende Einstellung der Nazis ist, zeigt eine Begebenheit vor einigen Jahren in Hamburg, als ich einen Taxifahrer vor Gericht brachte. Eine gute Freundin, die jüdischer Herkunft ist, fuhr mit ihm in seinem Wagen vom Flughafen zu mir. Sie war fürchterlich genervt von seinem Gerede, denn er schimpfte ständig auf die Ausländer in der Stadt. Und so bat sie ihn: »Seien Sie bitte still, ich möchte das nicht weiter hören!« Er jedoch hörte nicht auf, daraufhin wurde sie eindringlicher: »Jetzt hören Sie auf, ich ertrage das nicht, meine Verwandten, meine Großeltern sind im KZ umgekommen, und ich kann das alles hier nicht mehr hören.«

Daraufhin kam dieser unselige Mensch mit der Auschwitz-Lüge um die Ecke, er war ein erklärter Holocaust-Leugner, woraufhin sie fassungslos noch versucht hatte, mit ihm zu diskutieren. Und dann beleidigte er sie. Sie ist weinend ausgestiegen, irgendwo, und ich holte sie ab. Sie konnte sich überhaupt nicht mehr beruhigen. Daraufhin beschloss ich, dass der Mann angezeigt werden musste, was ich dann auch tat. So etwas durfte unmöglich ungestraft in unserem Land geschehen. Er hat die Konzession, weiter Taxi zu fahren, übrigens damals verloren.

Auch mit meiner Großmutter, die sehr alt wurde, stritt ich nahezu bis kurz vor ihrem Tod heftig über dieses Thema. Es ließ mir keine Ruhe, dass unser Land damals diese verheerende Entwicklung nehmen konnte und niemand es zu verhindern in der Lage schien. Immer wieder warf ich ihr vor: »Du warst damals dabei. Warum habt ihr nicht mehr dagegen getan?«

Die Aufarbeitung des Dritten Reiches war mir seit vielen Jahren ein Grundanliegen. Und so habe in meinen Büchern, sowohl im »Eva-Prinzip« als auch in dem Buch »Mein Kind schläft durch«, welches ich einige Jahre zuvor veröffentlichte, über die perversen Praktiken der Nazis, was Familienpolitik angeht, berichtet. Und zwar sehr ausführlich, was jedoch anscheinend kaum einer meiner Kritiker gelesen zu haben scheint. Denn alleine aus diesen Buchseiten geht mehr als deutlich hervor, wie tief mein Abscheu gegen die Nationalsozialisten und ihre menschenverachtenden Methoden ist.

Doch zurück zu meinem Thema, welches ja das Wohl der Kinder und Familien zum Inhalt hat. Nehmen Sie zum Beispiel den Umstand, dass Deutschland bei internationalen Vergleichen von 78 untersuchten Ländern, was die Kinderfreundlichkeit angeht, auf dem traurigen Platz 77 rangiert, also an vorletzter Stelle. Das muss doch Gründe haben und wir müssen sie finden. Glauben Sie wirklich, es ist einfach damit getan, den Kopf in den Sand zu stecken, um bloß nicht über unsere Vergangenheit zu reden? Damit machen wir uns eindeutig kaputt, treiben uns in noch tiefere Schuld und zerstören unser Land und seine Struktur, denn das Fundament unseres Grundverständnisses ist damit durchlöchert und instabil, es wackelt und bricht bei jeder kleinen Bodenerosion ein.

Der heute weit verbreitete lieblose Umgang mit Kindern, besonders den ganz kleinen, basiert unter anderem auf den Methoden des Dritten Reiches im damals staatlich verordneten Umgang von Müttern und Kindern. Da gab es eine vom Hitlerstaat geförderte und unterstützte Autorin, Johanna Haarer, die zahlreiche Bestseller schrieb, und deren wirre und hochgefährliche Empfehlungen schließlich in die Gemüter vieler Mütter und Väter Einzug halten konnten, auch solcher, die für ihre Kinder nur das Beste wollten. Hierin ging es darum, die Nähe, Emotionalität und die Zärtlichkeit zwischen Baby und Mutter abzutöten, denn Hitlers Ziel war es, kernige, stramme Soldaten zu rekrutieren, die nicht durch »unnötigen Körperkontakt verzärtelt wurden«. Jede Form von Annäherung wurde deswegen im Keim erstickt. Natürlich wusste man damals auch um die Wirkung der frühzeitigen Trennung der Kinder von ihren Familien. Auf diese Weise konnte und sollte sich kaum eine eigene, persönliche Individualität der Kinder herausbilden. Man war sich im Klaren darüber, dass diese »Sorte Mensch« hörig und willfährig erfüllte, was von oben angeordnet wurde. Der Mensch als steuerbare Massenware. Interessanterweise verkauften sich die Bücher Haarers bis in die Achtzigerjahre hinein zahlreich, und noch heute klingen uns die Begriffe aus jener Zeit im Ohr und wir kennen sie fast alle durch unsere Mütter und Großmütter wie etwa: »Eine Mutter sollte sich am besten die kleinen Plagegeister vom Hals halten.« Oder: »Diese unnötigen Verzärtelungen dieser kleinen Plagegeister, diese Affenliebe, ist kaum auszuhalten.«

Auch die vom Nationalsozialismus in Auftrag gegebenen Empfehlungen zum Einschlafen der Kinder sind grauenvoll und kaum für die Kleinen aushaltbar, halten sich jedoch zum Teil ebenso beharrlich bis zum heutigen Tag, wenn es um Einschlafprobleme geht. So lauten die Empfehlungen in etwa:

»Lasst das Kind ruhig schreien, das stärkt die Lungen.« Oftmals werden auch noch heute die Kinderbettchen in ein anderes Zimmer geschoben, damit man das Wehgeschrei der Babys nicht mit anhören muss. Man muss kein Entwicklungsexperte sein, um zu wissen, wie schädlich, wie furchtbar und wie trostlos diese Methode für die Bildung des Selbstbewusstseins eines Menschen ist, der in diesen frühen Monaten sein Urvertrauen und Selbstverständnis für das ganze weitere Leben aufbauen soll. Kinder, die auf diese Weise einschlafen lernen und nach wenigen Abenden des Schreiens plötzlich still in ihren Bettchen liegen und keinen Ton mehr von sich geben, sind nicht etwa besonders begabt. Ihnen wurde vielmehr der Wille gebrochen. Sie haben aufgegeben, resigniert. Und das sollten diejenigen Eltern unbedingt wissen, die noch heute zu diesen Horrormaßnahmen greifen möchten.

Diese dramatischen Ursachen und Folgen beschrieb ich in meinen Büchern, auch in der stillen Hoffnung, dass sich dadurch die Einstellung des einen oder anderen ändern und es unseren Kindern besser gehen möge.

Wer mir nun heute vorwerfen möchte, ich hätte keine Ahnung von der Familienpolitik des Dritten Reiches und hätte völlig naiv etwas gelobt, über das ich nicht Bescheid wüsste, dem mache ich den Gegenvorwurf: Diejenigen, die mich in die rechte Ecke schieben wollen, haben höchst fahrlässig gehandelt, denn sie haben falsche Behauptungen aufgestellt und sich schlichtweg nicht informiert. Vor allem haben sie meine Bücher nicht gelesen. Das Einzige, was wirklich hülfe, wäre konstruktive, zupackende Vergangenheitsbewältigung, was Familien und Kinder angeht. Was konkret ist damals falsch gemacht worden? Warum sind die Kinder von damals so geworden, wie sie vielleicht heute auch noch als Erwachsene sind? Was darf nie, nie mehr so gemacht werden wie damals? Nur solche konstruktive Vergangenheitsbewältigung hilft uns doch wirklich weiter. Von scheinheiligem Getue und von rituellen und antifaschistischen Dabeiseins-Bekundungen, die nicht wirklich helfen, halte ich nicht viel.

Friedrich Hänssler: Lassen Sie uns darauf noch detaillierter eingehen. Zuvor noch die ganz direkte Frage: Wurde Ihnen auch Unglaubwürdigkeit vorgeworfen, weil Sie selbst mit drei geschiedenen Ehen ein schlechtes Beispiel für die Propagierung von Familie wären?

Eva Herman: Ja, und das kann ich natürlich verstehen. Eine Frau, die zum vierten Mal verheiratet ist, nur ein Kind hat, die eine ansehnliche Karriere machte und nachweislich nicht den traditionellen Weg gegangen ist, und nun? Was tut sie? Plötzlich vertritt und propagiert sie das Gegenteil, spricht über Werte und Familie. Das muss ja zunächst unglaubwürdig klingen. Doch gab man mir nicht den Hauch einer Chance, dieses Umdenken zu erläutern. Man hat von vornherein einfach ausgeschlossen, dass so etwas geschehen kann, durch eigene, negative Erfahrungen, aber auch durch Erkenntnisse im Laufe des Lebens seine Meinung zu ändern und also sozusagen von der »Saula zur Paula« zu werden. Glauben Sie wirklich, es hätte mir Freude bereitet, mich dreimal scheiden zu lassen?

Hätte man wenigstens einmal in meine Bücher gesehen, dann hätte man die Entwicklungsschritte durchaus nachvollziehen können und hätte den Umschwung dadurch sicher besser verstehen können. Denn nahezu jeder, der sie liest, sagt, jetzt verstehe ich es. Und der erkennt auch die Gefahr, in der wir alle uns befinden. Man kann im Rückblick sagen, dass von vornherein ein Feuer erstickt worden ist, das nicht hochlodern sollte. Was sicher auch daran liegt, dass zwischen 60 und 70 Prozent derjenigen, die bei den Medien arbeiten, kinderlos sind und eben genau diesen Karriereweg gehen, ob nun Mann oder Frau.

Medien, Nazis, Achtundsechziger

Friedrich Hänssler: Und deshalb hat die Medienlandschaft, zu deren Stars Sie gehörten, Sie fallen gelassen wie eine heiße Kartoffel, nachdem Sie sich von einer geforderten Mainstream-Ideologie verabschiedet haben?

Eva Herman: Ganz klares Ja. Ich passte nicht mehr ins Konzept. Während früher der Wert einer Gesellschaft auch darin bestand, dass eine bunte Palette von Meinungen existierte, über die trefflich und umfangreich diskutiert, geschrieben und berichtet werden konnte, stört so etwas heute eher.

Eine öffentlich-rechtliche Rundfunkanstalt beispielsweise hat den klaren Auftrag, dass sich die Meinungsvielfalt, die sich in der Bevölkerung findet, im Programm widerzuspiegeln hat. Mein Sender zog es vor, sich von mir zu verabschieden. Heute schmerzt mich das nicht mehr, doch ist es allemal hochinteressant, zu beobachten, in welcher gesellschaftlichen Entwicklung wir begriffen sind.

Friedrich Hänssler: Wären Sie heute noch wertgeschätzt, wenn Sie geschwiegen hätten?

Eva Herman: Ja, wahrscheinlich schon. Aber was bedeutet schon wertgeschätzt? Es ist eine recht oberflächliche Wertschätzung, die man öffentlichen Personen entgegenbringen kann. Man kennt sie ja schließlich kaum wirklich gut und kann sich sein Bild nur machen durch die wenigen ungeprüften Informationen, die man über sie erhält. Aber Sie meinten wohl auch meine öffentliche Positionierung? Es wäre sicher einfach alles so weitergegangen wie die Jahre vorher auch: Ich hätte Sendungen moderiert, wäre berühmt gewesen, eine sympathische, aber politisch harmlose Moderatorin, und viele Leute hätten das toll gefunden. In Wirklichkeit ist dies doch ein Job wie jeder andere auch, nur mit dem Unterschied, dass man im Fernsehen arbeitet und dadurch von vielen gekannt wird.

Friedrich Hänssler: *Was hat man Ihnen vorgeworfen? Verrat an den 68er-Idealen?*

Eva Herman: Das war sicher eine der vermeintlichen Todsünden. Ja, natürlich ist das einer der eigentlichen Hauptvorwürfe. Seit Jahrzehnten diskutiert man in unserem Land über die Errungenschaften der Achtundsechziger. Bislang wurden die Ergebnisse ihrer Arbeit mit Freiheitsbegriffen wie Individualität, sexueller Befreiung und dem Abstreifen alter verstaubter Vorstellungen und dem Aufbrechen verkrusteter politischer Strukturen in Zusammenhang gebracht. Man feierte die Achtundsechziger und niemand wagte dagegen aufzubegehren.

Nun, manches war tatsächlich sinnvoll, was sie damals an Veränderungen einleiteten, was befreiend wirkte für Geist und Seele der geplagten Menschen, nach Jahrzehnten von Krieg und Diktatur. Man wollte sich so schnell wie möglich derer entledigen, die im Befehlston Aufgaben verteilt und gefährliche Staatsideologien propagiert und viel Leid gebracht hatten, und durch diesen Befreiungsschlag fühlten sich die Menschen nach schweren Zeiten nun zunehmend leichter und, was ihre Zukunft anging, wieder zuversichtlicher. Das politische Establishment schien ausgedient zu haben, ein neuer Geist wehte durch die Menschheit. Und damit geschah zunächst fast unbemerkt etwas Tragisches für unsere Gesellschaft, was bis heute seine verheerenden Folgen zeigt: Denn es wurden nicht nur die gefährlichen und überflüssigen Ideologien aus dem gesellschaftspolitischen Denken und Handeln entfernt, sondern auch das, was für den Zusammenhalt einer Gesellschaft unerlässlich ist: Das Zusammengehörigkeitsgefühl der Familie, das wichtige Fundament von Kultur, Glaube und Tradition und vor allem auch die Wertschätzung der Mutter. Stattdessen galt es als schick, gegenüber den Älteren aggressiv und intolerant zu sein.

Und so wurde alles, was auch schon von Anbeginn der Menschheit Bestand hatte, das traditionelle Familienbild eben, gleich mit abgeschafft. Der Umstand, dass während der Diktatur des Hitlerstaates die familiären Werte schwer missbraucht und pervertiert wurden, führte schließlich dazu, dass die Achtundsechziger rücksichtslos und wie verblendet auf den menschlichen Grundwerten herumtrampelten. Das Kind wurde also mit dem Bade ausgeschüttet.

Dies machte ich genau so deutlich auf der Pressekonferenz zu meinem Buch »Das Prinzip Arche Noah«. Und diese Aussage führte zu einem der größten Medienskandale unserer Zeit.

Denn nach jener Pressekonferenz wurden mir in diesem Zusammenhang verfälschte und verkürzte Zitate in den Mund gelegt, die ich niemals so geäußert hatte. Wie denn auch, bei meiner ganz klar antifaschistischen Einstellung. Vielmehr hatte ich mich im Laufe der Veranstaltung mehrfach ganz konkret und ausdrücklich von allem rechtsradikalen Gedankengut energisch distanziert. Und auch mein Verleger verwies auf die Gefahren der Vergangenheit, die wir bereits mit dem »Eva-Prinzip« kennenlernen mussten, las die Schlussbemerkung meines Buches in Gänze vor, in welcher ich meine tiefe Abneigung gegen rechts- und linksradikales Gedankengut zum Ausdruck bringe, und bat die anwesenden Journalisten um eine sachliche Berichterstattung. Was von dreißig anwesenden Kollegen auch neunundzwanzig taten, doch eine einzelne Schreiberin des Hamburger Abendblattes verdrehte meine Aussagen und stellte die Falschbehauptung auf, ich hätte mich lobend über die Familienpolitik des Dritten Reiches geäußert. Sie brachte letztlich den falschen Stein ins Rollen, mit nicht absehbaren Folgen.

Es fällt mir mittlerweile recht schwer, über all das zu sprechen, denn meine innere Anspannung, die mich monatelang in Schach hielt, ist nun abgeklungen. Und aus der etwas entfernten Ausgangslage steigt ein schmerzendes Gefühl tiefer Ungerechtigkeit in mir hoch.

Dennoch: Diese sogenannte Journalistin des Hamburger Abendblattes brachte also als Einzige einen Halbsatz, in dem behauptet wurde, ich hätte mich lobend über die Familienpolitik des Dritten Reiches geäußert. Der Deutlichkeit halber wiederhole ich noch einmal an dieser Stelle: Ich habe mich niemals lobend über Hitlers Familienpolitik geäußert, und wer das behauptet, spricht die Unwahrheit.

Wenige Stunden nach Erscheinen dieser Meldung gab es bereits in den Online-Portalen verschiedener Zeitungen dramatische Überschriften, die mich nun allesamt, ungeprüft wohlgemerkt, beschuldigten. Es war eine grauenvolle Entwicklung und niemand konnte ihr Einhalt gebieten. Trotzdem: Ich war zunächst noch ganz zuversichtlich, dass sich dieser dramatische Irrtum schnell aufklären würde, ohne zu wissen, dass daran nicht wirklich jemand interessiert war.

Ein kommerzieller Fernsehsender hatte die Pressekonferenz aufgezeichnet und verfügte über einen Originalmitschnitt. An und für sich war es nun ein Leichtes, diesen anzufordern und zu beweisen, dass hier die Unwahrheit berichtet wurde. Doch der Sender gab diesen Mitschnitt weder an mich noch an meinen Anwalt und auch nicht an den Verleger heraus. Am nächsten Abend berichteten mehrere unterschiedliche Fernsehsender über meinen angeblichen verbalen Fehlgriff. Und dann wurde ein Ausschnitt dieser Pressekonferenz gezeigt, ein vorne abgeschnittener Halbsatz, der den wirklichen Zusammenhang also nicht erkennen ließ, und in dem ich über Werte der Familie sprach. Dieser Abschnitt wurde von den Moderatoren anmoderiert mit den Worten, die in etwa lauteten: »Und hier äußert sich Eva Herman über die Familienpolitik des Dritten Reiches.«

Was in Wirklichkeit gelogen war, denn ich sprach in diesem Zusammenhang über die Werte einer Gesellschaft, die die Menschheit bis zum heutigen Tag zusammen und am Leben erhalten haben, und die uns nun zunehmend abhanden kommen.

Es dauerte schließlich zehn Tage, bis ich durch einen sehr glücklichen Umstand an mein Originalzitat gelangte, welches ein anwesender Hörfunkjournalist aufgezeichnet und mir freundlicherweise zur Verfügung gestellt hatte. Mein Sender, bei dem ich fast zwanzig Jahre lang tätig gewesen war, hatte mich trotz mehrfacher Hinweise auf den entsetzlichen Irrtum inzwischen längst fristlos entlassen.

Friedrich Hänssler: *Wie lautet denn das Original und die Fälschung?*

Eva Herman: Hier das Original von der Pressekonferenz am 7.9.2007 in Berlin:

»Wir müssen den Familien Entlastung und nicht Belastung zumuten und müssen auch 'ne Gerechtigkeit schaffen zwischen kinderlosen und kinderreichen Familien.

Und wir müssen vor allem das Bild der Mutter in Deutsch-
land auch wieder wertschätzen lernen, das leider ja mit dem Na-
tionalsozialismus und der darauf folgenden 68er Bewegung
abgeschafft wurde. Mit den 68ern wurde damals praktisch alles
das – alles, was wir an Werten hatten – es war 'ne grausame Zeit,
das war ein völlig durchgeknallter, hochgefährlicher Politiker, der
das deutsche Volk ins Verderben geführt hat, das wissen wir alle –
aber es ist damals eben auch das, was gut war – und das sind
Werte, das sind Kinder, das sind Mütter, das sind Familien, das
ist Zusammenhalt – das wurde abgeschafft. Es durfte nichts
mehr stehen bleiben ...«

Und hier eine der zahlreichen Fälschungen, die in einer großen deutschen Tageszeitung veröffentlicht wurde:

»Es war eine grausame Zeit, er war ein völlig durchgeknallter,
hochgefährlicher Politiker, der das deutsche Volk ins Verderben
geführt hat, das wissen wir alle. Aber es ist eben das, was gut
war, das sind Werte, Kinder, Mütter, Familie, Zusammenhalt –
das wurde abgeschafft, es durfte nichts mehr stehen bleiben.«
(Quelle: »RTL-exclusiv«)

Wir können hieraus deutlich erkennen, dass einerseits durch
das Weglassen des ersten Satzteiles des Originalzitates, doch
ebenso durch das Weglassen einzelner, Sinn gebender Wör-
ter wie ›damals‹ und ›auch‹ die Aussage einfach umgedreht
wurde. Ebenso lässt dieses von den Journalisten gekürzte »angebliche Originalzitat«, welches hunderte Male in unterschiedlichsten Medien veröffentlicht wurde, eine deutliche
Fahrlässigkeit erkennen, wurde doch der gesamte Text in
wörtliche Rede gestellt, der jedoch in Wirklichkeit im weiteren Satzverlauf von den Journalisten umformuliert wurde.
Hierin wurde einfach willkürlich zusammengefasst, gekürzt

und weggelassen, und doch wurde der gesamte Satz als Zitat, also als angebliche, von mir stammende wörtliche Rede präsentiert. So viel zur journalistischen Sorgfalt, die ich selbst vor vielen Jahren einmal anders gelernt hatte.

Es gibt inzwischen mehrere sprachwissenschaftliche Gutachten darüber, die ich auf meiner Homepage www.eva-herman.de veröffentlicht habe – inklusive einer PowerPoint-Präsentation über den Satzaufbau. Die Sprachwissenschaftler haben dringend darauf hingewiesen, dass ich mich in keinem Moment missverständlich oder falsch äußerte, denn dieser Satz, auch wenn er etwas lang geraten ist, stimmt hundertprozentig, sowohl grammatikalisch wie auch im Satzaufbau. Und von einem Nazilob kann schon überhaupt nicht die Rede sein.

Friedrich Hänssler: Welche Werte sind Ihnen wichtig?

Eva Herman: Ich spreche immer wieder von ganz natürlichen und selbstverständlichen, Leben erhaltenden Werten. Kein Land, keine Gesellschaft und keine Kultur kann längerfristig ohne sie überleben. Die Grundlagen des Lebens sind Liebe, Gerechtigkeit, Rücksicht und Umsicht, Respekt, Toleranz und der Glaube. Werden diese Grundregeln eingehalten, dann können Land und Menschen gedeihen, Glück kommt auf und Segen liegt über dieser Gemeinschaft. Die Urzellen dieser Werte werden in der Familie vermittelt und gelebt, der allerkleinsten Zelle eines Großen und Ganzen. Das alles ist eine Selbstverständlichkeit, und jeder Mensch weiß darum. Doch hier wird heute alles kaputt geredet und zerstört. Weil wir ein immenses Problem mit der Aufarbeitung unserer dunklen Geschichte haben. Und weil wir natürlich inzwischen ein »hoch zivilisiertes Volk« sind. Viele andere Kulturen lachen sich kaputt über uns. Aber wir tragen wacker weiter die Folgen dieses subversiven Tuns. Die 68er, die sich und ihren einstigen Befreiungsschlag immer noch feiern, wollen nicht erkennen, dass wir durch diese Lebensmaximen, die sie einst installierten, mit wehenden Fahnen untergehen werden. Sie fühlen sich schwer auf den Schlips getreten und zum Teil persönlich getroffen, wenn Kritik an ihnen geübt wird, denn ihre sogenannte demokratische Geisteshaltung sind in Wahrheit häufig nicht mehr als Intoleranz und Aggressivität. Das nimmt zuweilen beachtliche Ausmaße an. In juristischen Auseinandersetzungen mit einigen Zeitungen, die ja leider immer noch andauern, wird manchmal Klartext geredet. Ein Angestellter, der bei Gericht an entsprechender Entscheidungsposition sitzt, antwortete nach Durchsicht der Aktenlage in etwa so: »Die Situation ist klar, und normalerweise wäre es kein Problem, Ihnen grünes Licht zu geben. Aber Sie haben Pech gehabt. Denn ich bin nun einmal ein Achtundsechziger.«

Das geht ganz tief, und das einzig Positive an dieser Begebenheit war das klare und ehrliche Wort des Mannes. Die 68er sitzen bekanntermaßen immer noch an vielen Schalthebeln, wenn sie nicht schon in Pension sind: In den Medien, aber auch in vielen anderen sehr wichtigen Funktionen unserer Gesellschaft. Die lassen sich das eben nicht einfach mal so hindonnern, wie ich das getan habe.

Friedrich Hänssler: Haben Sie eigentlich mit dieser Medienentrüstung so gerechnet?

Eva Herman: Ja. Nach den Reaktionen auf den vorher angesprochenen Cicero-Artikel im Mai 2006 wusste ich, was auf mich zukommt.

Friedrich Hänssler: Ist Ihr Kampf ein Kampf gegen Windmühlenflügel?

Eva Herman: Nein. Anders als Don Quichote kämpfe ich leider gegen Furchtbares und Reales. Aber wer glaubt, ich kämpfte alleine, der irrt sich. Es gibt Hunderttausende Menschen, die es leid sind, sich die Familienstrukturen von Staat und Wirtschaft im alleinigen Interesse der Machtausübung des Kapitalismus, der Gewinnmaximierung und der Kostensenkung zerschlagen zu lassen. Überall formieren sie sich, weil sie tief in ihrem Inneren wissen, dass von selbst keine Veränderung mehr stattfinden wird. Wer darauf wartet, dass die Politik uns rettet, wartet, bis er schwarz wird. Von dem Bruder eines ranghohen Bundespolitikers, der in verantwortungsvoller Position in der Bundesregierung tätig ist, erhielt ich einen Brief. Er berichtete darüber, dass er häufig mit seinem Bruder über die anstehenden Probleme diskutiere. Und dieser gab klar zu verstehen, dass die Politik nichts verändern wird, sondern sie vielmehr ihren Familiensparkurs drastisch fortsetzen würde. Wenn sich überhaupt etwas Neues für eine günstigere Umkehr herausbilden könne, dann alleine durch die Kraft der Bürger, so waren seine Worte.

Friedrich Hänssler: Haben Sie genügend Energie zum Weiterkämpfen – oder gehen die Schläge an die Substanz?

Eva Herman: Ja, die habe ich. Es gibt mehrere Ziele, die mich leiten. Das größte und wichtigste ist, Gottes Willen zu respektieren und seine Schöpfung zu lieben und zu achten. Das ist unsere grundsätzliche Aufgabe hier auf Erden. Das zweitwichtigste ist, später, in einigen Jahren, wenn mein Sohn vor mir steht und mich fragt, wie wir das alles zulassen konnten, antworten zu können: »Ich habe es wenigstens versucht, diese schauderhafte Entwicklung, die euch das Leben heute so schwer macht, zu verhindern.«

Friedrich Hänssler: Warum ist der Gegenwind so heftig gewesen? Weil Sie die Ideale der Karrierefrauen verraten haben?

Eva Herman: Ich habe das moderne Gesellschafts- und Lebensbild der Frauen infrage gestellt. Ich habe vor allem die politische Ausrichtung kritisiert. Der Staat tut ja nun alles dafür, um die Frauen davon zu überzeugen, dass nicht Familie, sondern die Erwerbstätigkeit allein die einzige Seligmachung zu sein scheint.

Es war eines der am besten gehüteten Tabus gebrochen worden, welches in unserer modernen, hoch entwickelten Gesellschaft existierte: Nämlich, dass Frauen eben nicht Karriere, Kind, Küche, Partnerschaft problemlos koordinieren und bewältigen können, sondern dass sie sich dabei aufreiben und einiges vernachlässigen müssen, oftmals trifft es die Schwächsten, unsere Kinder. Bis dahin war allgemein immer tapfer behauptet worden: Wir Frauen schaffen alles, ohne Rücksicht darauf zu nehmen, wie es den Kindern dabei geht, wie es den Frauen, wie es den Männern geht, wie zuverlässig und gewissenhaft ein Beruf ausgeübt werden kann unter diesem Dauerdruck. Man biss tapfer die Zähne zusammen, und damit war die Sache im Großen und Ganzen erledigt. Hauptsache, wir schwammen im Zeitstrom. Alles andere regelte sich schon irgendwie. Den massiven Einfluss durch den Staat und die wirtschaftlichen Interessenverbände spürte man zunächst nur wie unsichtbar, dieser Zugriff war damit kaum zu formulieren. Eine Art Zwangsjacke war und ist es, in welche die Familien zunehmend gesteckt werden. Viele müssen feststellen, dass sich immer weniger Geld in der Haushaltskasse befindet und die meisten geben sich selbst die Schuld dafür. Was wenigen klar ist, dass auch diese Umstände zum gesamten System gehören, denn die Tatsache, dass der finanzielle Druck durch explodierende Preise der Grundversorgung und durch Steuergesetze, die vor allem »den kleinen Mann mit seiner Familie« schwer belasten, stets wächst, führt unter anderem erst nach und nach dazu, dass auch die letzte Hausfrau sich aufgefordert fühlt, Heim und Familie zu verlassen und ihren Teil zum Haushaltsgeld beizusteuern.

Die Folgen sind verheerend, der Verfall unserer Gesellschaft ist mittlerweile mehr als deutlich zu erkennen: Hohe Scheidungsraten, niedrige Geburtenquoten, irritierte Männer, die keine Verantwortung mehr übernehmen möchten, verwahrloste Kinder, Frauen, die vermännlichen, und die höchsten Alkohol-, Depressions- und Gewaltzahlen der Geschichte. Aber wehe, man spricht darüber.

Gleichstellung oder Gender Mainstreaming

Friedrich Hänssler: *Sie benutzen häufiger den Begriff »Gender Mainstreaming«, was verbirgt sich dahinter?*

Eva Herman: Seit der 4. Weltfrauen-Konferenz in Peking 1995 wird der Begriff »mainstreaming a gender perspective« kurz Gender Mainstreaming, weltweit verbreitet, in einer Masse von Büchern, Internet-Auftritten, Veranstaltungen, doch vor allem durch politische Maßnahmen. Seit dem Jahr 2000 hat sich die deutsche Bundesregierung auf »Gender Mainstreaming als durchgängiges Leitprinzip aller politischen, normgebenden und verwaltenden Maßnahmen **verpflichtet**«.

Diese Programme, von dem die wenigsten Bundesbürger überhaupt den Hauch einer Ahnung haben, planen umwälzende Veränderungen der ganzen Menschheit und verschlingen derzeit unglaubliche Mengen von Geld. Sie sorgen durch Gehirnwäsche gleichenden Programmen für die neue und wachsende Einsicht des »modernen Menschen«, dass die Unterschiede zwischen Junge und Mädchen, zwischen Mann und Frau nicht naturbedingt, sondern nur erlernte Rollen seien. Um Frau und Mann gleichzustellen, müssen diese Unterschiede nun nachhaltig abgeschafft werden. Der Begriff »Geschlecht« hat ausgedient, an seine Stelle ist jetzt »Gender« getreten. Und jeder Mensch kann sein »Gender« auswechseln, wie er es gerade will. Ziel scheint es zu sein, das Geschlecht komplett zu entnaturalisieren.

So widersinnig und beängstigend utopisch all dies für diejenigen Menschen klingen mag, denen ein natürlich entwickeltes Verhältnis zu ihrer Männlichkeit oder Weiblichkeit innewohnt, so zäh und verbissen wird es derzeit auf allen Kommunal-, Regional-, Landes- oder Bundesebenen in vielen westlichen Staaten, so auch in der Bundesrepublik Deutschland, durchgesetzt, unterstützt durch Milliarden von Steuergeldern.

Unter deutscher Ratspräsidentschaft hat die EU im Frühjahr 2007 eine »Europäische Allianz für Familien« gegründet, die »Maßnahmen zur Bekämpfung von Geschlechter-Stereotypen in der Bildung« fördert.

Die Grünen schossen Anfang 2007 den Vogel ab mit der Forderung nach der Änderung des Transsexuellen-Gesetzes, ihre Begründung lässt aufhorchen: Für die rechtliche Bestimmung des Geschlechtes dürften künftig nicht mehr die äußeren Geschlechtsmerkmale ausschlaggebend sein, sondern allein das subjektive Empfinden eines Menschen.

Auf der vom Bundesfamilienministerium mitfinanzierten Webseite des sogenannten »Gender-Kompetenz-Zentrums« konnte man Ende 2006 nachlesen: »Gender ist geprägt von

Herkunft, Glaube, Alter, Befähigungen und Behinderungen sexueller Orientierung und anderer Strukturmerkmale«. Gender, so hieß es, sei »Geschlecht in der Vielfalt seiner sozialen Ausprägungen«.

Wer noch ein bisschen gesunden Menschenverstand besitzt, versteht nicht, was Gender Mainstreaming wirklich will. Doch gerade diese Verständnislosigkeit scheint gewollt, um eine neue Irrlehre unbemerkt und kampflos durchzusetzen.

Daneben geht es natürlich außerdem darum, Frauen noch machtvoller in alle Positionen zu hieven, in denen sie noch nicht sitzen.

Unter anderem kommt dann dieser Unsinn dabei heraus wie zum Beispiel der Versuch, auf Verkehrsschildern, die auf Autobahnbauarbeiten hinweisen sollen, weibliche Bauarbeiter mit einer Schippe in der Hand abzubilden, und nicht wie gewohnt einen Mann. Dafür zahlen wir dann Steuern.

Der Mensch, einst geschaffen von Gott, wird nun also von der Politik neu erfunden: Als geschlechterbefreites, neutrales Wesen, losgelöst von allen »Zwängen« der Natur, man hat sich hiermit Gottes Plans entledigt, dessen Willen abgeschüttelt und seiner Schöpfung den Rücken gekehrt.

All das geschieht im Namen der Moderne und des Fortschritts. In Wirklichkeit schreiten wir fort von allem Natürlichen, was uns am Leben erhält. Und wer dies moniert, der hat mit härtestem Gegenwind zu rechnen. Wie sagte neulich ein Soziologe? Wir befinden uns inzwischen in einer erstaunlichen politischen Phase, dem »lesbokratischen Stalinismus«.

Friedrich Hänssler: Sie sagen deutliche Worte und machen klare Aussagen. Warum sind Sie nicht manchmal diplomatischer?

Eva Herman: Das tun viele andere Leute, vor allem auch in der Politik und in der Öffentlichkeit. Weiterhelfen allerdings tut das niemandem.

Friedrich Hänssler: Hätten Sie nicht damit rechnen müssen, dass den meisten Frauen in den Medien und auch etlichen Männern in den Medien Ihre Botschaft gar nicht schmeckt?

Eva Herman: Ich habe ja damit gerechnet und ich bin das Risiko eingegangen. Denn mir ist gleichzeitig auch klar, dass nur durch eine solch heftige Diskussion auch etwas verändert werden kann. Mir geht es bei dem, was ich schreibe und was ich sage, nicht darum, jetzt wieder Karriere mit dem zu machen, was ich tue. Sondern mir geht es in allererster Linie darum, ein Bewusstsein zu schärfen. Bestenfalls wäre meine Wunschvorstellung, dass jeder Mensch im Land, gerade auch junge Leute, die ihren Weg noch vor sich haben, zumindest innehalten und prüfen: Wo stehe ich und wo will ich wirklich hin? Also das, was wir damals nicht gemacht haben, weil wir von dem lauten Getöse der Emanzipation mitgezogen wurden. Es wäre wünschenswert, dass in das Innere des Menschen Ruhe einkehrt und zumindest überlegt wird.

Friedrich Hänssler: Was meinen Sie mit »Ruhe einkehren«?

Eva Herman: Damit versuche ich meine Hoffnung auszudrücken, dass wir einst wieder herausfinden könnten aus der Tretmühle, die sich immer schneller dreht und an Bodenhaftung verloren hat. Schauen Sie, während es früher keine Frage war, dass am Freitagabend das Wochenende begann, man am Samstag noch Erledigungen machte, das Auto wusch und die Familie dann gemütlich zusammenkam, und der Sonntag doch meist heilig war, so wie es auch im Dritten Gebot gefordert wird, so gibt es heute kaum noch Unterschiede zwischen Wochentag- und Wochenende.

Die Supermärkte haben rund um die Uhr geöffnet, wir sind mit Handys ausgestattet, die jederzeit klingeln können, sitzen auch sonntags am PC und sind stets für Kollegen und den Chef erreichbar. Und unser Familienleben? Ruhe? Spiel, Freizeit? Lachen? Fehlanzeige. Unsere Kinder werden völlig anders groß als wir, hektischer, rastloser, und schon höre ich es wieder: Na ja, es ist eben eine andere Zeit. Als wäre die Zeit eine unsichtbare Macht, die neue Spielregeln selbsttätig festlegt, denen wir uns unterwerfen und an die wir uns halten müssten. Nein, wenn überhaupt jemand Einhalt gebieten kann, dann sind wir es doch selber. Aber dazu müssten wir erst einmal bereit zu einer Bestandsaufnahme sein und die Dinge beim Namen nennen. Solange wir uns noch hinter den breiten Rockschößen der modernen Zeit verstecken, kommen wir keinen Millimeter weiter.

Friedrich Hänssler: Wie gehen eigentlich Ihr Mann und Ihr Sohn mit dieser Situation um? Wurden und werden auch sie angegriffen?

Eva Herman: Mein Sohn, der zehn Jahre alt ist, wurde zum Glück überhaupt nicht angegriffen. Aber das sollte auch jemand wagen. Er ist ein sehr aufmerksames Kind und passt immer genau auf, was um ihn herum geschieht. Die heftigen Angriffe, die gegen mich öffentlich passiert sind, haben wir versucht, so gut wie möglich von ihm fernzuhalten. Er hat dennoch mitbekommen, dass Mami hin und wieder ganz schön was abbekam. Ich kann mich an einen Tag erinnern, an dem es recht heftig zuging, eine große Zeitung hatte einige üble Beleidigungen gedruckt und ich hatte am Morgen geweint. Der Kleine hatte mir den großen Druck angemerkt, als er aus der Schule kam. Er war sehr vorsichtig mit mir und am Abend sagte er plötzlich: »Mami, geh mal ins Wohnzimmer, ich rufe dich, wenn ich fertig bin.« Dann hat er in seinem Zimmer seinen kleinen Kindertisch gedeckt und Teller, Messer und Gabel und das Abendbrot dort aufgebaut, hat eine Kerze angezündet. Dannach rief er mich herein und sagte: »Ich lade dich heute Abend zum Essen ein, damit du mal Ruhe hast.«

Mein Mann wird natürlich öfter darauf angesprochen. Er steht hinter mir wie der Fels in der Brandung, und er trägt alles mit. Eventuell war er sogar einer der Auslöser dafür, dass ich diese Position öffentlich vertrat. Er sagt immer, er sei ein ganz einfacher Mann, der ganz einfach empfindet, aber er empfindet eben wie ein Mann. Er ist der Überzeugung, dass das, was im Moment in der Gesellschaft passiert, die Männer verunsichert und irritiert. Männer kämpfen nicht für ihre Rechte, sondern Männer ziehen sich zurück. Und flüchten sich in ihre eigenen Welten. Er hat mir vieles auch erklärt, wie er selbst fühlt und wie er denkt, was für mich sehr wichtig war. Es ist gut, einen solchen Mann zu haben.

Seelenkratzer

Friedrich Hänssler: Und Sie persönlich? Wie verletzt sind Sie noch? Sind Sie noch wütend?

Eva Herman: Nein, ich war nie wirklich wütend. Das Einzige, was mich von Anfang an schmerzte, waren diese ungeheuerlichen Unterstellungen, ich hätte die Familienpolitik des Dritten Reiches gelobt. Anfangs war ich derartig verzweifelt darüber, dass ich das Haus für zwei, drei Wochen nicht verließ. Es war mir ein furchtbarer Gedanke, dass eventuell einige Leute tatsächlich glauben könnten, dass daran etwas sei. Als ich dann eines Tages mit meinem Hund im Park spazieren ging, atmete ich auf. Doch als mir die ersten Spaziergänger entgegenkamen, trat mir der kalte Schweiß auf die Stirn und ich eilte schnell heim. Es war eine grässliche Zeit. Mein Trost ist, dass diejenigen, die mir das eingebrockt haben, diese Suppe eines Tages selber auszulöffeln haben. Sie haben gegen das 8. Gebot verstoßen: »Du sollst nicht falsch Zeugnis reden wider deinen Nächsten.«

Sicher deutet das laute Geschrei, der heftige Gegenwind einiger Leute auf Zweifel am eigenen Lebensentwurf hin. Bevor man das alles zu dicht an sich herankommen lässt, dreht man den Spieß einfach um und greift den Bringer der unliebsamen Botschaft, in diesem Fall mich, direkt und persönlich an. Im Grunde tun mir diese Leute wirklich leid, denn sie haben noch einige Arbeit vor sich.

Friedrich Hänssler: Noch einmal die Frage: Würden Sie heute – selbstkritisch zurückblickend – etwas anders machen?

Eva Herman: Nein, ich würde es wieder so machen. Man kann einen solchen Weg nicht gehen, indem man ständig abwägt, was günstig für einen selbst ist. Hier geht es um viel mehr als nur um mich. Es geht um uns alle, um unser Überleben, unsere Kinder und Familien. Das scheinen einige immer noch nicht verstanden zu haben. Natürlich wäre ein Rückzug zunächst einfacher, doch er bringt uns kein Stück weiter.

Friedrich Hänssler: Haben Sie die Angriffe persönlich sehr verletzt?

Eva Herman: Es gab einige große Enttäuschungen, menschliche Enttäuschungen. Von Kolleginnen und Kollegen, von denen ich annahm, dass unser Verhältnis stabiler sei. Sie drehten im ersten großen Sturm ihr Fähnchen nach dem Wind und einige wendeten sich nicht nur von mir ab, sondern sie sprachen sich auch öffentlich gegen mich aus. Einfach enttäuschend. Jeder, der mich kennt, weiß, dass ich immer gegen die Nazis war und auch heute einschreite, wenn brenzlige Situationen entstehen.

Als ich das »Eva-Prinzip« ein Jahr zuvor veröffentlichte, da fingen einige Medien zunehmend an, an meinem Geisteszustand zu zweifeln. Warum? Weil sie vielleicht gar nicht anders können. Wer in den Medien arbeitet und lebt, wie ich es auch einige Jahre lang tat, der lebt häufig wie auf einer Scholle. Man glaubt, dass der Blickwinkel, von dem aus man Betrachtungen anstellt, was man wie beschreibt, worüber man berichtet, dass dies das Maß der Dinge und der Nabel der Welt sei. Das Gegenteil ist der Fall. Diese zum Teil falsch aufgebaute Glitzerwelt ist natürlich nicht die alleinige Realität. Oftmals gleicht sie eher einer Vorstellung. Die Wirklichkeit bei den Menschen, in den Familien, bei ihren Ängsten und Sorgen und Schwierigkeiten sieht entscheidend anders aus. Darüber wird häufig nur sehr pauschal berichtet und meist dann wieder ins Extreme gezogen. Dabei hat das eigene Empfinden der Einzelnen kaum noch die Chance, ergründet und erfühlt zu werden.

Friedrich Hänssler: Heißt das, dass Sie künftig mit Ihren Aussagen nicht vorsichtiger sein werden und zugleich umso deutlicher für Kindererziehung zu Hause kämpfen?

Eva Herman: Ja, ganz sicher. Ich werde in der Formulierung vielleicht etwas wachsamer sein und noch öfter darauf hinweisen müssen, dass man mich an manchen Stellen bitte richtig verstehen und nicht schon wieder falsch interpretieren

93

möge. Vorsicht ist das Gebot der Stunde. Leider, leider. Einige junge Journalisten schrieben mir traurig, dass sie durch die Tatsache, wie die Medien mit dem Fall Eva Herman umgingen, eher verunsichert wurden, was ihre eigene berufliche Zukunft angeht. Nämlich, dass sie sich als berichtende Journalisten jetzt noch weniger getrauen, die Wahrheit zu schildern, weil sie Sorge haben müssen, dass ihre berufliche Existenz darüber gefährdet sein könnte. Was das für die öffentliche, angeblich neutrale Berichterstattung bedeutet, kann man sich an seinen zehn Fingern ausrechnen.

Der Skandal und die Kollegen

Friedrich Hänssler: Journalisten werden auch als Meinungsmacher bezeichnet. Sie blicken auf etwa 25 Jahre im Mediengeschäft zurück. Wie objektiv berichten unsere Medien?

Eva Herman: Das kann man nicht pauschal benennen. Zum Glück treffen wir auch immer wieder auf aufrechte, um Sachlichkeit und Wahrheit bemühte Journalisten, die sich nicht scheuen, unbequeme Wege zu gehen. Doch sie werden im Soge des Main-Stream leider seltener. Inzwischen allerdings beginnt sich Unmut bei den Menschen zu regen, denn diese Praktiken werden durchsichtiger, und manches Lenksystem, das sich allzu sicher wähnt, wird damit unvorsichtiger. Es werden Fehler gemacht. Das registrieren die Menschen durchaus, und sie melden sich zu Wort. Das Internet ist das Meinungsinstrument des Bürgers. Und wer wissen möchte, wie die Gesellschaft wirklich tickt, was die Menschen beschäftigt, was sie freut und auch ärgert, der sollte sich einmal die Mühe machen und die Diskussionsforen besuchen, in denen es um die Arbeit des Staates und der öffentlichen Organe und die Folgen für die Menschen im Land geht. Schauen Sie sich den Fall Nokia in Bochum an, ein Werk, welches einfach geschlossen werden soll, weil man in Rumänien kostengünstiger produzieren kann. Die Blogs und Chats zu diesem Thema quollen über. Die Leute sind stinksauer und tun das auch kund.

Eventuell werden ungerechte Systeme einst gekippt werden durch die Macht und den Zusammenschluss der Menschen, welche sich im Internet zusammenfinden, die aufstehen, sich formieren und protestieren.

Wenn die Ungerechtigkeiten, die Familien heute zugefügt werden, hier einst thematisiert werden, kann daraus viel Kraft erwachsen. Doch auch die berühmte Kerner-Sendung führte zu wahren Massenaufläufen im Netz, die sich zum Teil bis heute gehalten haben, Vereine zur Verteidigung der Meinungsfreiheit wurden ins Leben gerufen, die dem ZDF schwer zusetzten und mehrere Mahnwachen vor den ZDF-Landesfunkhäusern in Hamburg und Mainz abhielten. Die Menschen zeigen zunehmend Engagement, und sie sind dabei mutig.

Friedrich Hänssler: Es ist eindeutig, dass Sie in ein Wespennest mit Ihren Thesen zur Familie gestochen haben und dass manche – ich verwende jetzt einfach mal das Wort – Emanzen – und auch noch ein paar andere Frauen sich angegriffen, vielleicht ertappt oder gar bloßgestellt fühlten. Wie fühlt man sich denn inmitten eines solchen Wespenschwarms?

Eva Herman: Meine Mutter zitierte in solchen Situationen gerne folgenden Satz aus der Bibel, wo Paulus im Römerbrief sagt: »Wenn Gott für uns ist, wer kann da noch gegen uns sein?« (Römer 8,31). Also, ich fühle mich sicher, denn ich bemühe mich, auf Gottes Pfaden zu bleiben, gleichgültig, wie wenig das in diese Zeit und zu den Emanzen passt. Vermutlich werden wir in einiger Zeit beschämt zurückblicken auf das, was wir hier angerichtet haben. Und es bleibt zu hoffen, dass wir den entstandenen Schaden überhaupt noch beheben können. Dieser recht harte Weg der letzten zwei Jahre und vor allem auch der vergangenen Monate hat den großen Vorteil mit sich gebracht, dass ich mich nicht mehr abhängig fühle von irgendeines Menschen Meinung, ganz egal, wer vor mir steht.

Während ich früher sorgfältig darauf achten musste, dass ich als Tagesschausprecherin nichts äußere, was nicht zu meinem öffentlichen Bild passte, muss ich mich heute mit derartigen Bedenken nicht mehr herumplagen. Ich kann und ich will über die Wahrheit sprechen und schreiben, und keine Macht der Erde wird mich davon abhalten, schon gar keine Emanzen oder Feministinnen. Dazu passt der hübsche Vergleich: »Wer durchs Meer geschwommen ist, scheut die Pfütze nicht.«

Friedrich Hänssler: Sie standen ganz schön unter Beschuss. Haben eigentlich mehr Männer oder mehr Frauen auf Ihnen herumgetrampelt?

Eva Herman: Eindeutig die Frauen. Die Männer sagten häufig eher Sätze wie: »Wusste ich doch schon immer. Habe ich schon lange gesagt, aber auf mich hört ja keiner.« Je bildungsfreundlicher die Männer waren, desto eher haben sie gesagt: »Gehen Sie Ihren Weg bitte weiter, er ist jetzt recht schwer, aber wir stehen hinter Ihnen.«

Friedrich Hänssler: Hätten Sie sich mehr Unterstützung von traditionell familien- und kinderfreundlichen Institutionen wie die Kirche oder Parteien gewünscht? Wie war deren Reaktion?

Meine Kindheit

Mit zehn Monaten in Ostfriesland

Mit zwei Jahren in Ostfriesland

Mit neun Jahren

An einer Talsperre mit elf Jahren

Im Alter von neun Jahren an einem Flüsschen im Harz

Mit Löwe Leo (links)
Mit dreizehn Jahren (oben rechts)
Mit Kater Meo (unten)

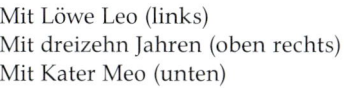

Familienidylle

Achim, Mama, Marina und ich

Mutter und ihre drei Kinder

Familienidylle

Ich, Mama, Marina

Allein mit meiner Mutter

Papa, Marina (oben), Tante Tulla
und ich

Mit meiner Schwester Marina (hinten)
und Hund Arri

Als junge Frau

Im Alter von 20 Jahren mit meiner Mutter

Meine Ausbildung an der Hotelrezeption (Maritim Braunlage)

Bei einem Ständchen mit meiner Schwester

Großmutter Ruth und Mutter Eva

Meine Karriere

1985 mit Enrico de Paruta, Starmoderator beim Bayerischen Rundfunk

Als Tagesschausprecherin

Mit den Tagesschausprechern: (von links nach rechts) Jan Hofer, Ellen Arnhold, Stefan Heyne, Hans Daniel, Peter Katzantsakis, Eva Herman, Wilhelm Wieben, Dagmar Berghoff, Jo Brauner

Mit Regisseur Harald Schäfer für eine ARD-Gala

Bei Dieter-Thomas Heck in der »Schlagerparade der Volksmusik«

Mit Harald Schmidt Anfang der
90er-Jahre

Als Eva im »Flitterabend« bei Michael
Schanze (ARD), Anfang der 90er-Jahre

Wilhelm Wiebens 60. Geburtstag: (von links nach rechts)
Wilhelm Wieben, Eva Herman, Jens Riewa

Anfang der 90er-Jahre

Mein Motorradführerschein (1995)

Mitte der 90er-Jahre

Bei der ARD-Aids-Gala mit Hartmut Engler von PUR

Bei DAS mit Reinhard Münchenhagen und Bettina Tietjen

Mit Ursula von der Leyen als Ministerin für Soziales, Frauen, Familie und Gesundheit bei »Herman und Tietjen«

Mit Christian Wulff bei »Herman und Tietjen«

Mit Bundeskanzler Gerhardt Schröder

Mit meiner Familie

Mit meinem Ehemann Michael Bischoff auf Sylt (2002)

Hochschwanger auf der IFA

In Paris vor der Sacré-Cœur

Mit Blick auf Eiffelturm

»Meine« Kinder

Mit meiner Nichte Julia als Baby

Auf einer spritzigen Autofahrt

Mit Mutter, Großmutter und Neffen

Eva Herman: Meine Erfahrung durch das Erlebte ist Folgende: Es gibt in diesem Fall nicht »die Institution Kirche«, sondern letztlich sind es immer einzelne Menschen, die Entscheidungen treffen. Sowohl in der katholischen als auch in der evangelischen Kirche habe ich Gegner und auch Befürworter und zum Teil sogar kraftvolle Unterstützer. Hier zeigt sich, dass jeder Mensch selbst sich auseinandersetzt mit den Problemen der heutigen Zeit und seinem Gewissen entsprechend handelt.

Grundsätzlich allerdings ist zu sagen, dass mich die öffentliche Haltung der Kirchen eher besorgt. Denn die Entscheidung von evangelischen wie auch katholischen Kirchenoberen, sich für den Krippenausbau auszusprechen, spricht aus meiner Sicht nicht wirklich für die wahre Unterstützung der Familien.

Friedrich Hänssler: Es wirkt so, dass mancher Aufschrei aus dieser Richtung vielleicht viel mehr ein uneingestandenes Schuldgefühl über ein propagiertes und gut eingeübtes Rollenspiel ist. Wie haben Sie die Angriffe aus dem NDR empfunden?

Eva Herman: Sie haben mir sehr zugesetzt. Und um ganz ehrlich zu sein, bin ich irgendwann fassungslos gewesen über die schleichende Entwicklung der unterschiedlichsten Verdächtigungen.

Die Eskalation, die durch meinen fristlosen Rauswurf entstanden war, war ja lediglich der allerletzte Knall, das Hochgehen einer länger tickenden Bombe. In Wirklichkeit gingen die üblen und argwöhnischen Unterstellungen bereits viel früher los. Schon nach dem Cicero-Artikel begann man zu mutmaßen, dass unsichtbare Mächte über mich gekommen sein mochten. Plötzlich wurden hinter meinem Rücken Gerüchte kolportiert: Ich sei mit christlich fundamentalistischen

Kräften im Verbund. Ich sei mit Sekten in Verbindung. Ich sei mit Rechten in Verbindung. Ich war plötzlich ins Visier geraten von sogenannten investigativen Journalisten, also von Enthüllungsjournalisten, die eigentlich meine Kollegen waren und die ich gut kannte, die vor allem auch mich gut kennen mussten. Doch urplötzlich war ich auf die Gegenseite geraten. Ich war jetzt ein auszuspähendes Opfer, das unter Verdacht geraten war. Den menschlichen Fantasien sind in derartigen Situationen anscheinend keine Grenzen gesetzt und jede Ratio scheint vernichtet, aber auch jedes menschliche Mitfühlen.

Das ist für den Betroffenen ein höchst unangenehmes Gefühl und ich kann mir seitdem lebhaft vorstellen, wie es Regimekritikern aller Zeiten und aller Systeme ergeht und erging. Besonders fatal ist es, wenn die eigene Arbeit nur einem einzigen Ziel dient: Aufrichtigkeit, Wahrhaftigkeit und Wahrheit zu finden.

Das alles war also ein recht anstrengender Entwicklungsprozess. Plötzlich registrierte ich jähes Verstummen, wenn ich die Redaktionsräume betrat. Zunächst beruhigte ich mich mit dem Gedanken, dass ich aufgrund meiner inneren Veränderung sensibler geworden sein mochte. Dann versuchte ich es eine Weile mit der Vogel-Strauß-Politik, frei nach dem Motto: Nur nichts anmerken lassen, dann geht alles so weiter wie bisher. Doch das funktionierte nicht lange. An den Haaren wurden nun Beispiele herangezogen, wie man mich »überführen« konnte. Als eine österreichische Frauenorganisation mich für einen Vortrag anfragte, mein Büro leider nicht rechtzeitig herausfand, dass dieser Verein verdeckt, aber eng mit der rechtsgerichteten FPÖ zusammenarbeitete, schrieb eine kleine Hamburger Zeitung, dass es jetzt erwiesen sei, dass ich eindeutig nach rechts tendierte. Das Problem war gewesen, dass mein Sekretariat kurz zuvor neu besetzt worden war, die Mitarbeiterin arbeitete erst wenige Tage für mich. Diese Anfrage wurde gestellt, während ich im Urlaub war, und die Kollegin hatte leider nicht ausreichend recherchiert. Natürlich sagte ich diese unselige Veranstaltung sofort ab, distanzierte mich deutlich und gab am selben Tag eine Pressemitteilung heraus, in welcher ich den Irrtum bedauerte. Aber mein Arbeitgeber meinte, nun den Beweis gegen mich in der Hand zu halten. Ich hatte mehrfach klar darauf hingewiesen, dass dieses ein Versehen gewesen war. Doch nun konnte nicht mehr sein, was nicht sein durfte, ich war abgestempelt und die Feministinnen schienen recht zu behalten mit ihren Unterstellungen.

Es ist im Rückblick unfassbar für mich, wie wenig Mühe man sich gab, mich und mein Anliegen zu verstehen, im Gegenteil, es schien nur noch den einen Vorsatz zu geben: Man wollte nichts richtig verstehen. Eine Weile lang war ich einfach nur überrascht über diese Verfahrensweise, weil ich das alles niemals für möglich gehalten hätte. Dann wurde es mir zunehmend unangenehm, denn dieser ständige Argwohn, die unsichtbaren Verdächtigungen, die wie dunkle Wände zwischen uns standen, während wir die Sendungen ausarbeiteten, taten mir zunehmend weh. Dann habe ich mich eine Weile noch gerechtfertigt und versucht, mich der Situation irgendwie anzupassen, doch irgendwann dachte ich mir: »Ihr könnt mich jetzt mal alle herzlich gern haben« und bin einfach meinen Weg weitergegangen.

Friedrich Hänssler: Woher nehmen Sie eigentlich die ganze Kraft, diesem stürmischen Gegenwind zu widerstehen?

Eva Herman: Immer wieder gibt es darauf nur eine Antwort: Ich handle mit Blick auf unserer Menschen Verantwortung in Gottes Schöpfung, die mir jeden Tag wichtiger wird und ich bin zutiefst von der Richtigkeit überzeugt. Dass die Ausführungen in meinen Büchern unbequem und unpassend in der heutigen Zeit erscheinen und dass sie auch teilweise nicht zu meiner früheren Lebensform passen mögen, kann mich nicht aufhalten. Jeder Mensch hat das Recht auf Veränderung durch Einsichten, vielmehr ist es seine Aufgabe, sich zu entwickeln. Der berühmte deutsche Schriftsteller und Dichter Friedrich Rückert fasste dies in kluge Worte: »Das sind die Weisen, die durch Irrtum zur Wahrheit reisen, die bei dem Irrtum verharren, das sind die Narren.« Sehen Sie sich doch nur um: Wo blühen Frieden und Segen für die Menschen? Dort, wo es Familien mit Kindern gibt, also Liebe und Zusammenhalt. Jede Hochkultur, die den Zenit ihrer Blüte überschritten hatte, verfing sich in ähnlichen Problemen, denen wir heute auf ganzer Linie begegnen: Kinderlosigkeit, Zerfall der Familien und damit der Gesellschaft, zunehmende Unmoral und das Leben nach dem individuellen Lustprinzip. Das war bei den alten Ägyptern, im alten Rom und im antiken Griechenland so, und auch wir werden keine Ausnahme bilden. Zurzeit gibt es in Deutschland bereits mehr Paare ohne Kinder als mit Kindern, die Geburten unehelicher Kinder in den Neuen Bundesländern beträgt über fünfzig Prozent, die Scheidungsrate in Deutschland beträgt zwischen vierzig und fünfzig Prozent, in nur noch achtzehn Prozent aller Hamburger Haushalte leben noch Kinder, vierzig Prozent der jungen Männer möchten keine Familien und damit auch keine Kinder mehr, weil sie die Verantwortung scheuen. Und so könnte man noch zahlreiche Beispiele ausführen. Wir erleben einen dramatischen Kindermangel aufgrund eines immer stärker wirkenden Wertewandels. Die Sexualisierung unserer Gesellschaft hat Höchstmaße angenommen und niedere Triebe beherrschen uns mehr denn Liebe.

Selbst der Alt-Achtundsechziger, der ehemalige Bundesinnenminister Schily, äußerte sich zu diesem Thema wie folgt: »Eine Absage an Kinder, ist eine Absage an das Leben. Deutschland«, – so Schily – »benötigt eine offensive Debatte über den Wert Familie.«

Aber man braucht nicht wirklich die Kommentare anderer, um sich selbst sein Urteil zu bilden, wenn man nur seine Sinne öffnet und um Ehrlichkeit bemüht ist.

»Zwischen Steinzeitkeule und Mutterkreuz«

Friedrich Hänssler: Ihre Intimgegnerin scheint die oberste Feministin Alice Schwarzer und ihr Sympathisantenkreis zu sein. Ihre Thesen wurden von ihr zwischen »Steinzeitkeule und Mutterkreuz« angesiedelt. Abgesehen von diesem unschönen Nazivokabular, was hat das »Mutterkreuz« der Nationalsozialisten mit der heutigen Diskussion um das »Muttersein« zu tun?

Eva Herman: Das »Mutterkreuz«, in der Nazizeit ein Orden für diejenigen Frauen, die dem Führer viele Kinder schenkten, wird heute vorzugsweise von den Linken und Feministinnen immer dann ins Feld geführt, wenn es um das natürliche Familienbild geht. Es scheint den Horizont dieser Leute zu übersteigen, dass tatsächlich hunderte und tausende Jahre vor dem Dritten Reich, in welchem das Mutterbild auf übelste Weise pervertiert und missbraucht wurde, eine feste Vorstellung für den Begriff »Mutter« existierte. Immerhin war das Wirken der Mütter für unsere Gesellschaften ganz einfach überlebenswichtig. Es erhielt unsere Existenz, die Existenz der Menschheit, am Leben.

Die linke Szene und die feministische Szene – häufig eng

verbunden – schlägt reflex- und gebetsmühlenartig mit dem Begriff »Mutterorden« zu, wenn man überhaupt nur das Mutterbild anspricht. Ich glaube, schon alleine die sechs Buchstaben »Mutter« erzeugen einen nicht zu beschreibenden Zorn in den Gemütern dieser Leute.

Friedrich Hänssler: *Haben Sie dafür eine Erklärung?*

Eva Herman: Das liegt meistens an deren eigenen Biografien. Alice Schwarzer beispielsweise beschrieb in ihrem Buch »Die Antwort«, das 2007 erschienen ist, sehr klar und nüchtern ihre eigene Kindheit, die nahezu mutterlos war. Ihre eigene Mutter sowie ihre Großmutter hatten es damals eher vorgezogen, ins Kino zu gehen oder politische Diskussionen zu führen, als sich um das kleine Kind zu kümmern, mit dem sie nichts anzufangen wussten, so etwa schrieb sie. Anstatt sich mit der kleinen Alice auseinanderzusetzen oder zu beschäftigen, gingen sie ihrer eigenen, intellektuellen Entwicklung nach. Die in ihren Augen geringe, anforderungslose Aufgabe, die kleine Alice zu betreuen, hatten die Damen dem Großvater überlassen, der sich dann von den beiden dafür sogar noch hat verspotten lassen müssen.

Das ist das traurige und trostlose Mutterbild, mit dem Alice Schwarzer groß geworden ist. Welch ein tiefer Schmerz muss sich in die Seele des Kindes eingefräst haben nach einer derartigen Mutterablehnung. Ein Verhältnis ohne Hoffnung auf Besserung, denn wer, wie sie, diesen Umstand heute sogar noch idealisiert und tapfer gut heißt, hat damit tatsächlich jede Hoffnung begraben, das, was die Liebe zur Mutter angeht, jemals wieder in sich wiederentdecken und beleben zu können. Man muss nicht Psychologie studiert haben, um erkennen zu können, was dieser tiefe Frust in einem Menschen bewirken kann, wenn er unreflektiert bleibt. Mich verwundert wirklich sehr, dass so wenige Menschen sich die kleine Mühe machen, diese wichtigen Hintergründe deutlich in Augenschein zu nehmen, um zu verstehen, warum Alice Schwarzer diesen Weg gehen musste.

Deutschlands Chef-Feministin muss aufgrund eigenen Leides in der Kindheit zu einem verfeindeten Mutterbild gekommen sein. Ihre eigene Mama hat ihr nie die Hoffnung auf Liebe gelassen. Doch das ist nun mal der innigste Wunsch eines Kindes, nämlich die ganze Zuwendung und Liebe seiner Mutter zu erlangen, um Urvertrauen aufzubauen und ein Gerüst der Liebe in sich manifestieren zu können. Aber wenn die Mutter von vornherein gar nicht den Hauch einer Chance lässt, dem Kind zumindest in Aussicht stellt, doch irgendwann für das Kind erreichbar zu sein, so ist alles Weitere, was künftig in Zusammenhang steht mit dem schöpfungsgemäßen Familienbild, innerlich erloschen und wird meist zutiefst abgelehnt und bekämpft.

Professor Ronald Grossarth aus Heidelberg liefert hierzu ebenso wie der bekannte Psychoanalytiker Dr. Hans-Jochen Maaz aus Halle hochinteressante wissenschaftliche Erläuterungen. So kann man grundsätzlich davon ausgehen, dass durch die Ablehnung der Mutter bei dem Kind bzw. dem späteren Erwachsenen dadurch auch dessen politische Einstellung durchaus beeinflusst werden kann.

Einen Menschen, der einen deutlichen Muttermangel erlebte, und der ohne Hoffnung blieb, die Mama jemals wirklich zu erreichen und deren Liebe doch noch zu spüren zu bekommen, einen solchen Menschen finden wir sehr häufig in den linken bzw. linksfeministischen Lagern. Durch persönlich erlebte größte Trostlosigkeit und Ausweglosigkeit neigt er später deutlich dazu, das mit vielen Glücksmomenten behaftete Familienbild zu bekämpfen und zu verteufeln. Dies kann er mit Jahrzehnte dauernder Energie tun, und je kämpferischer ein solcher Mensch auftritt, umso größer muss sein innerer, verdeckter und inzwischen verkapselter Schmerz sein.

Friedrich Hänssler: Haben Sie den Eindruck, dass in unserer Gesellschaft über das Thema »Mutterschaft« ein Denkverbot ausgesprochen wurde? Warum?

Eva Herman: Ja, auf jeden Fall haben wir ein Denkverbot. Es existiert darüber hinaus auch bereits ein Sprachverbot. Wie ich schon erwähnte, die sechs Buchstaben »Mutter« erzeugen in manchen Menschen eine solch blinde Wut, dass man sich fragen muss, worin hierfür die Ursachen liegen? Wir finden sie immer und stets in der Kindheitsgeschichte des einzelnen Menschen. Eigentlich könnte alles ganz einfach sein. Damit ahnen wir aber erst, was es in Wirklichkeit bedeutet und welche Folgen damit verbunden sein werden, wenn wir ganze Generationen unserer Kleinsten in Krippen abschieben, weil die Mütter Geld verdienen gehen müssen. Alle die mütterlichen Entbehrungen, jede einzelne Träne, die ein Kind aus Angst und Sehnsucht nach seiner Mama weint, wird diesen Menschen für sein ganzes Leben verändern.

Friedrich Hänssler: Eigentlich wurde von den Feministinnen der ersten Stunde die Freiheit, auch die freie Meinungsäußerung, das Selbstbewusstsein der Frau propagiert. In Ihrem Fall ist die freie Meinungsäußerung, die Veröffentlichung einer anderen Meinung, offensichtlich auf der Strecke geblieben. Was steckt hinter dieser Unfreiheit der Freiheitskämpferinnen?

Eva Herman: Nun, es muss tatsächlich schon sehr verwundern, dass einerseits die Feministinnen einst dafür angetreten sind, die freie Meinungsäußerung vor allem auch für die Frauen zu erkämpfen. Andererseits genau diese im Keim zu ersticken, wenn eine Meinungsäußerung nicht genehm ist und vor allem, wenn sie nicht ins eigene Konzept passt.

Alice Schwarzer selbst hatte, als zum ersten Mal öffentlich über meine Thesen diskutiert wurde, hinter meinem Rücken eine Denunziation im großen Stil losgetreten. Sie hatte in ihrem Newsletter, einem Rundbrief, ihre Emma-Abonnenten angeschrieben, sie sollten sich bei der Tagesschau über mich beschweren und meine Entlassung fordern. Dazu gab sie die Telefonnummer und E-Mail-Adresse und den Namen des damaligen Chefredakteurs der Tagesschau an.

Das heißt, sie hat nicht nur meine Thesen und mich angegriffen, sie hat nicht nur versucht, mich mundtot zu machen, sondern sie hat auch versucht, eine Art Berufsverbot über mich verhängen zu lassen. Was ja letztendlich doch auch subtil gelungen ist. Es muss neben den durch ihre eigenen Seelennöte gemachten Erfahrungen auch eine nicht geringe Furcht stecken. Blinder Hass wird immer ausgelöst durch Angst. Wenn man sich in diesem Zusammenhang fragt, worauf sich diese Angst gründen mag, könnte man recht klar erkennen: Es ist die Angst, dass der eigene Lebensentwurf, der auf Lieblosigkeit gründet, doch klarer vor das eigene geistige Auge und Empfinden treten könnte.

Und bestenfalls ist es sogar darüber hinaus die angstvolle Ahnung, ein ganzes Land ideologisch umgekrempelt zu haben und am Ende erkennen zu müssen, dass es der falsche Weg war. Nur, weil man selbst einige wichtige Kindheitserlebnisse nicht rechtzeitig erkannt und entsprechend auch nicht verarbeitet hat.

Diese immer an der Unter- und Oberfläche wirkende Angst mündet nun darin, dass wie blind und ungeprüft zu Mechanismen gegriffen wird, die typischerweise auch in Zeiten verwendet wurden, die sie im selben Zusammenhang ihrerseits angreift, nämlich in der politischen Diktatur. Seit einiger Zeit bete ich für Alice Schwarzer. Wer seinen Gegnern in Liebe begegnet, kann mit der Hilfe des Himmels Gutes erreichen. Ich bete für ihre Erkenntnis.

Friedrich Hänssler: Sie beziehen deutlich Position. Haben Sie keine Angst, dass Sie von Karrierefrauen, Feministinnen und anderen Gutmenschen fertig gemacht werden?

Eva Herman: Nein, ich habe keine Angst. Man hat mir ja bereits vieles genommen, was in diesem Leben von angeblichem Wert ist: Das gesellschaftliche Ansehen, meinen Beruf und man hat versucht, meine Glaubwürdigkeit kaputt zu treten. Dies ist allen Umfragen zufolge nicht gelungen.

Die berühmte »Kerner-Show«

Friedrich Hänssler: Kommen wir zu einer anderen unschönen Geschichte. Was hat Johannes B. Kerner, der sich mittlerweile dafür entschuldigt hat, geritten, in einer in der Talkshowgeschichte einmaligen Aktion, Ihnen den Stuhl vor die Tür zu stellen? Ein Akt, der, wie Umfrageergebnisse belegen, übrigens viel Empörung bei Zuschauern ausgelöst hat.

Eva Herman: Was Herrn Kerner geritten hat, weiß ich nicht, sondern ich müsste spekulieren. Da ich genau das jedoch bei anderen Journalisten bemängele, werde ich mich selbst hier nicht auf Spekulationen einlassen.

Friedrich Hänssler: Was ging in Ihnen vor? War das im Vorfeld schon inszeniert worden?

Eva Herman: Es gibt mehrere Hinweise darauf, dass es so gewesen sein könnte. Noch einmal: Ich selbst werde dazu nicht Stellung nehmen. Dennoch, es existieren Hinweise, die auch an verschieden Stellen im Internet nachzulesen sind, dass an dem 9. Oktober 2007, dem Tag der Sendung, die um 17 Uhr aufgezeichnet und um 23:15 Uhr ausgestrahlt wurde, bereits vor der Aufzeichnung, also um 16:30 Uhr, einige Journalisten Mitteilungen bekommen haben sollen. Sie lauteten in etwa: »Eva Herman fliegt heute aus der Kerner-Sendung!« Dazu kommt, dass während der Sendung mehrfach von einem der Talkgäste gefragt wurde: »Wann machen wir denn endlich das, was wir beschlossen haben?«

Und es heißt auch, dass der sogenannte Warm-upper, also derjenige, der das Publikum betreut, bevor eine Sendung losgeht, der mit den Leuten also den Beifall übt, damit auch laut genug geklatscht wird, und der auch während der Aufzeichnung im Studio anwesend ist und so bei einigen Äußerungen der Gesprächsgäste anklatscht, dass dieser Warm-upper bei der Sendung einen Knopf im Ohr hatte und mit der Regie verbunden war. Er soll von dort, wie es heißt, Signale erhalten haben, wann er anklatschen sollte. Jedenfalls würde sich so erklären, warum das Publikum an manchen Stellen klatschte, wo jeder normal denkende Mensch sich an den Kopf fasst und sagt: »Was ist hier denn eigentlich los? Sind die jetzt alle irre geworden?« Ich selbst dachte mir an verschiedenen Stellen: »Das geht nicht mit rechten Dingen zu, es kann nicht sein, dass hier jemand freiwillig klatscht.« Aber es klatschte ein ganzes Publikum. Man weiß ja, dass es einen Reflex bei den Menschen gibt: Wenn einer klatscht, klatschen meist alle anderen auch. So ist es schon möglich, dass eine Atmosphäre und eine Stimmung hergestellt wurden, die einen Prozess unterstützten, der sich dem logischen Menschendenken und Empfinden ohnehin entzog.

Öffentliche und veröffentlichte Meinung

Friedrich Hänssler: *Ich will jetzt nicht in eine Diskussion über Medienmanipulation einsteigen.* Bei einem solchen Beispiel wird man aber den Eindruck nicht los, dass in den Medien immer mehr inszeniert wird als Wirklichkeit abgebildet. Stimmen Sie dieser Aussage zu? Kennen Sie noch weitere Fälle in Ihrer Berufspraxis?

Eva Herman: In den zurückliegenden Monaten konnte ich eindrucksvolle Erfahrungen zu diesem Thema sammeln. So erinnere ich mich an eine Fernsehdiskussion bei einem kommerziellen Sender, in der ich eine Stunde lang einer jungen Moderatorin und auch dem Publikum Rede und Antwort stehen sollte. Mehrere Tage lang wurde bereits im Vorfeld eine Internet-Debatte auf der Webseite dieses Senders gestartet, in der die Redaktion Auszüge aus meinem Buch bisweilen spöttisch und abfällig kommentierte. Auch Fotos von mir wurden mit teilweise schmähvollen Aussagen untertitelt. Das Ergebnis war, dass sich über siebzig Prozent der Nutzer daraufhin negativ über mich und meine »Anti-Thesen« im Netz äußerten. Nachdem ich dann allerdings in der Sendung aufgetreten, mich für das Kindeswohl, ein natürliches Mutterbild und die Förderung von Familien ausgesprochen hatte und die Debatte eine Stunde später beendet worden war, schlug die Stimmung im Forum deutlich um. Kurze Zeit nach meinem Besuch hatte sich die Zahl genau ins Gegenteil verkehrt: Etwa siebzig Prozent negativer Stimmen wendeten sich innerhalb von einer Stunde in über siebzig Prozent positive Beurteilungen.

Oder ein anderer Fall: Eine erfolgreiche Polit-Talk-Sendung eines regionalen ARD-Senders lud mich ein und stellte unter anderem eine ehemalige Bundespolitikerin der SPD und eine

Zeitungsjournalistin gegen mich auf. Die beiden fielen mit lautem Geschrei über mich und meine Thesen her. Sie waren derartig aufgebracht, dass sie mich ohne Rücksicht auf Anstandsregeln vor den Zuschauern unsachlich beleidigten und eher zwei aufgescheuchten Hühnern glichen als zwei gestandenen, emanzipierten Frauen, Letzteres eine Eigenschaft, auf die sie mehrfach deutlich den Anspruch erhoben. Auch hier war einige Tage zuvor auf der Internetseite der Sendung abgestimmt worden über die Frage, ob kleine Kinder zu Hause oder in Krippen betreut werden sollten. Doch da man sich im Netz vorwiegend auf sachlich fundierte Begleitinformation gestützt hatte und nicht parteiisch einzuwirken versuchte, lautete das Ergebnis: 77,4 Prozent äußerten sich für das Familienmodell, nur 22,6 Prozent waren dagegen. Eine Zahl, die allerdings niemals irgendwo, außer auf der Homepage der Sendung, veröffentlicht wurde (»Hart aber fair« WDR, 28.2.2007). Fast siebenhundert Zuschriften erreichten mich die darauffolgenden Tage, mit fast hundertprozentiger Zustimmung.

Es stellt sich in all den Fällen, in denen sogenannte Prominente öffentlich zu derartig wichtigen Themen Stellung beziehen, die entscheidende Frage nach der Verantwortung des Einzelnen. Denn jeder Mensch, der heute im Fernsehen oder Radio spricht, ob er nun Politiker ist, Moderator oder einfach »Prominenter«, trägt ein hohes Maß daran. Er wird mit einem Auftritt im Fernsehen, im Radio oder in einer Zeitung automatisch zu einem Vorbild, an welchem sich immer einige, manchmal auch zahlreiche Menschen orientieren. Sein Wort erhält Gewicht. Die Zuschauer oder Leser beziehen durch ihn eine Art der Stärkebeleihung, egal, welche Position er vertritt, die ihr weiteres Denken und Handeln nachhaltig beeinflussen könnte. Somit ist dieser öffentliche Meinungsgeber verantwortlich für die Folgen seiner Äußerungen. Und wenn es ihm gelingt, durch rhetorisches Geschick und hohe Sympathiewerte zum Beispiel die Gefahren der Bindungslosigkeit für Kinder zu bagatellisieren und unsere ohnehin zerbrechliche Menschengemeinschaft damit weiterhin zu gefährden, kann dies üble Folgen haben, die er mit Sicherheit nicht vorsätzlich beabsichtigte.

Friedrich Hänssler: Wie fallen denn eigentlich die Umfragen aus, in denen es um Familie und Werte geht?

Eva Herman: Sehen wir uns einmal bei unseren deutschsprachigen Nachbarn in Europa um. So ergab kürzlich eine EU-Studie (Weltwoche Mai 2007, Phillip Gut) über »Werteorientierungen« in europäischen Ländern, dass die Familie bei den Befragten beinahe ohne Ausnahme zualleroberst steht, vor anderen Beurteilungen wie Arbeit, Freunde, Freizeit, Partnerschaft, Religion und Politik. Und auch die Akademiker, denen man diese Gesinnung eher nicht unterstellen würde, die bekanntermaßen später heiraten und weniger Kinder bekommen, äußerten sich überraschend positiv zur klassischen Familie.

Eine andere Untersuchung, die des Österreichischen Instituts für Familienforschung ergab unlängst, dass die politisch vorangetriebene Außerhausbetreuung von Kleinkindern auf keine großen Sympathien in diesem Land stößt. Nur sechs Prozent aller Befragten sprachen sich dafür aus, jedoch über siebzig Prozent nannten sich selbst oder den Partner als ideale Bezugsperson für ihre Kleinsten.

Neueste Umfragen des Generationen-Barometer 06' korrigieren das Bild von der Familie als Auslaufmodell ebenfalls. 84 Prozent der Befragten bezeichnen laut Institut für Demoskopie Allensbach den Zusammenhalt in ihrem engeren Familienkreis als »stark« oder sogar als »sehr stark«. Noch mehr

Anlass zur Irritation bieten die Ergebnisse des Mikrozensus 2005, nach denen in Deutschland neun von zehn Paaren Ehepaare und drei Viertel aller deutschen Familien traditionelle »Vater-Mutter-Kind-Familien« sind.

Die Universität Hohenheim bei Stuttgart führte eine Untersuchung durch, bei der knapp 94 Prozent der Befragten sich eine Familie wünschten. Geborgenheit und Rückhalt brachten sie mit dieser Lebensform in Verbindung. Auch die gewünschte Kinderzahl lässt aufhorchen: 2,4 Kinder, also eins mehr als der deutsche Durchschnitt, so ergab die Untersuchung, seien das Traumziel der jungen Akademiker. Überraschend auch die Aussage, dass sie zwar alternative Lebensformen akzeptierten, für sich selbst jedoch das klassische Familienbild anstreben. Und auch die Bereitschaft, Karrierepläne, persönliche Freiheiten und sogar das Einkommen einzuschränken zugunsten von eigenen Kindern, ist erstaunlich hoch: Auf einer Skala von eins bis fünf liegt der Durchschnittswert bei 3,9.

»Eine Emanzipation der Emanzipationsbewegung«, so nannte die Schweizer »Weltwoche« angesichts dieser Zahlen denn auch den neuen Zeitgeist: »Nach Jahrzehnten der Abwertung, die ironischerweise durch die Frauenrechtsbewegung mit verursacht wurde, treten Hausfrauen mit neuem Selbstbewusstsein auf. Sie werben für die Attraktivität eines Berufs, den sie aus eigenen Stücken gewählt haben.«

Offenbar gibt es also eine große Kluft zwischen guten Erfahrungen in der eigenen Familie und dem schlechten Image dieser Institution. Auch wenn ein Rückgang der klassischen Familie zu beobachten ist, was die Zahlen angeht, die Qualität und die soziale Leistung der großen Mehrheit der Familien ist bei Weitem unterbewertet. Es gilt somit: Familie ist besser als ihr Ruf. Was also veranlasst die Politiker anzunehmen, dass die klassische Familie ausgedient hat?

*Friedrich Hänssler: Doch wenn auch im Grunde sich die über-
wiegende Haltung der Menschen im Lande eindeutig für die Familie
ausspricht, gibt es immer wieder andere Umfragen, die erstaunli-
cherweise plötzlich ein völlig gegenteiliges Ergebnis erbringen können. Wie soll man das verstehen?*

Eva Herman: Sie haben recht, und die Verwirrung ist in der
Tat groß, denn es erscheint geradezu grotesk, dass heute der
überwiegende Teil der Bevölkerung gegen Krippen, morgen
jedoch dafür sein soll.

Ein Beispiel, wie die Mechanismen funktionieren bzw. eingesetzt werden, geschehen Anfang März 2007:

Eine Umfrage des Instituts für Demoskopie Allensbach,
das von Kennern als durchaus regierungsfreundlich einge-
ordnet wird, ergab, dass fast drei Viertel der Befragten sich
für den Ausbau von Kinderkrippen aussprachen. Fünf Tage
zuvor hatte das Familiennetzwerk Deutschland eine ähnliche
Umfrage beim renommierten IPSOS-Institut in Hamburg in
Auftrag gegeben, mit dem Ergebnis, dass sich über achtzig
Prozent **gegen** Krippen aussprachen.

Jeder normal denkende Mensch fasst sich spätestens an
dieser Stelle an den Kopf und fragt verzweifelt danach, wie
ein ganzes Volk innerhalb weniger Tage seine Meinung derartig beeindruckend verändern kann.

Die Antwort ist recht einfach: Es kommt bei Umfragen in
erster Linie auf die Fragestellung und die Möglichkeiten, zu
antworten, an. Hier liegt der Schlüssel für Wahrheit oder
eventuelle Manipulation. Sehen wir uns die Formulierung
der Frage genauer an, mit der das überraschende Ergebnis
vom März 2007, der Anfangsphase eines langen Entschei-
dungsweges der Bundesregierung zum Ausbau von 750 000
Krippenplätzen, zustande kam.

Hier die Frage: »Kürzlich ist vorgeschlagen worden, das Angebot an Betreuungsplätzen für Kinder unter drei Jahren in Deutschland deutlich zu erhöhen. Damit soll Müttern von kleinen Kindern die Vereinbarkeit von Familie und Beruf erleichtert werden. Halten Sie das für einen guten oder keinen guten Vorschlag?«

In dieser Frage ist erkennbar bereits eine Hilfestellung enthalten, sich für eine bestimmte Richtung zu entscheiden. Wenn über ein Angebot abgestimmt wird, das Müttern eine Vereinbarkeit von Beruf und Familie erleichtern will, kann man dem eigentlich nur zustimmen. Wer von den Befragten also nicht ganz genau aufpasst und blitzschnell den wahren Sinn erfasst und reagiert, gibt vielleicht eine Antwort, die er am Ende gar nicht geben wollte. Es handelt sich hierbei um eine sogenannte Suggestiv-Frage, die einem die Antwort praktisch gleich mit in den Mund legt.

Und auch die Möglichkeiten der Antwort spielen eine nicht unerhebliche Rolle. So erbringt eine Wahlmöglichkeit mehrere Antworten immer ein objektiveres Ergebnis. In diesem Fall gab es jedoch lediglich die Möglichkeit, Ja oder Nein zu sagen.

Das Institut veröffentlichte seine ermittelten Zahlen übrigens zusammen mit einer für die Medien ungewöhnlich präzise vorformulierten Textofferte:

»Der Vorschlag von Familienministerin Ursula von der Leyen, das Angebot an Betreuungsplätzen für Kinder unter drei Jahren deutlich zu erhöhen, hat in den Medien zu lautstarken Diskussionen geführt. In der Bevölkerung hat das jedoch nicht zu viel Uneinigkeit geführt. Im Gegenteil, es gibt wenige sozialpolitische Fragen, in denen so viel Zustimmung und Einigkeit in der Bevölkerung bestehen. 74 Prozent empfinden den Vorschlag der Familienministerin als gut. Nur eine Minderheit von 16 Prozent glaubt, es sei keine gute Idee, die Zahl der Betreuungsplätze für Kleinkinder stark zu erhöhen.« Wer wollte da noch widersprechen?

Friedrich Hänssler: Sie erwähnten daneben noch eine andere Umfrage, die dieser gegenüberstand. Welche war das?

Eva Herman: Es handelte sich um eine IPSOS-Umfrage, die fünf Tage zuvor veröffentlicht worden war. Im Vergleich zur Allensbach-Umfrage hatte man hier eine sachliche Frage mit zwei Antwortmöglichkeiten gestellt. Hier der Text: »Wo glauben Sie, ist ein Kind in den ersten drei Jahren am besten aufgehoben: Zu Hause bei Vater und Mutter oder in der Kinderkrippe? Die Antwort fiel deutlich aus: 81 Prozent aller Befragten entschieden sich für das Elternhaus, 16 Prozent für die Krippe.

Noch einmal: Zwischen diesen beiden Umfragen liegen genau fünf Tage. Doch wird durch diese Veranschaulichung mehr als deutlich, wie leicht die Ergebnisse sogenannter offizieller Umfragen und Statistiken von namhaften Instituten zu lenken sind, auf die sich zum Beispiel ein Bundesministerium nachdrücklich berufen kann, um konkrete Regierungsvorhaben und eventuelle Gesetzesänderungen durchzusetzen. Und es offenbart, dass auch die Realitätswahrnehmung unserer Gesellschaft durch sorgfältig geplante und gezielte Manipulation spielend leicht verändert werden kann. Auf die Allensbach-Umfrage stützt sich das Ministerium übrigens bis heute und verweist hartnäckig auf die genannten Zahlen. Sie wurden von zahlreichen, durchaus seriösen Medien veröffentlicht und verbreitet, und niemand schien sich näher für die Frage interessiert zu haben, wie diese überraschend differierenden Ergebnisse zustande gekommen waren.

Friedrich Hänssler: Ihre Schilderungen tragen nicht gerade zur Vereinfachung einer sachlichen Einschätzung für die Menschen bei. Sie müssen vielmehr als verwirrend empfunden werden.

Eva Herman: Für den ungeübten Zeitungsleser oder Fernsehzuschauer muss es manchmal geradezu wie ein Labyrinth ohne Ausweg anmuten bei dem Versuch, sich einen Überblick darüber zu verschaffen, welche Umfragen wirklich tauglich sind und welche nicht. Und es ist keine leichte Aufgabe, angesichts der täglichen Flut von Informationen nun noch genauer hinzuschauen und zu prüfen, um sich ein möglichst neutrales Urteil bilden zu können. Die Gefahren unserer heutigen Mediengesellschaft sind manchmal groß, doch müssen wir lernen, nicht allem leichtfertig zu vertrauen. Denn es geht um den Zustand unserer künftigen Gesellschaft, um unser aller Verantwortung, der sich niemand entziehen kann. Und bei allen Informationsmöglichkeiten muss letztlich jeder Mensch sich selbst fragen, was er tief in seinem Inneren empfindet und wie er denkt und somit entscheidet. Medienhörigkeit hilft in diesem Fall nicht weiter, sondern Eigenverantwortung und, wenn die eigene Meinung nicht zur öffentlichen passt, Zivilcourage!

Friedrich Hänssler: Was Ihre Person in der öffentlichen Berichterstattung angeht, so scheint zurzeit eher verhalten über Sie berichtet zu werden. Wie erklären Sie sich das?

Eva Herman: Man kann vielleicht vermuten, dass einigen Medienvertretern inzwischen aufgegangen sein mag, dass auch sie nicht korrekt berichteten, weil sie Falschmeldungen aufsaßen und einige Agenturmeldungen nicht prüften. Inzwischen liegt ein Gerichtsurteil vor, wonach die größte Nachrichtenagentur Deutschlands, dpa, bestimmte Zitate, die ich angeblich geäußert haben soll, nicht mehr wiederholen darf, ebenso übrigens das ZDF. Bezeichnenderweise hat darüber kaum mehr eine Zeitung oder ein Online-Portal in Deutschland außer christlichen und einigen ausländischen Medienorganen berichtet.

Die Botschaft über Frauen und Familie

Friedrich Hänssler: Was sind denn nun, wenn wir zur eigentlichen Sache kommen wollen, die Knackpunkte Ihrer Botschaft, die so viel Aufregung verursachen?

Eva Herman: Da ich ja mehrere Bücher damit gefüllt habe, ist es nicht so ganz einfach, das in wenigen Sätzen zu umreißen. Ich versuche es trotzdem. Es geht um die Rolle der Frau, die sich in der heutigen Zeit stark verändert hat. Während Frauen früher hauptsächlich die Aufgaben hatten, sich um Familie, Kinder, das Haus zu kümmern und damit ein sicherer Grundstein, ein Fundament für die Familie gewesen sind, und Kraft und Unterstützung boten, ist es heute anders. Frauen werden in aller Regel in die Erwerbstätigkeit gedrängt, und viele sind häufig ausgelaugt, kaputt und müde und kaum in der Lage, wenn sie den ganzen Tag draußen geschuftet haben, abends noch ein gemütliches Zuhause zu schaffen.

Eine wichtige Frage, die gestellt werden muss, lautet: Wollen die Frauen denn wirklich alle in die Erwerbstätigkeit, wenn sie gerade Mutter geworden sind? Die eben erwähnten Umfragen bestätigen, dass dies überhaupt nicht der Fall ist. Jede Mutter weiß in ihrem tiefen Inneren, dass ihr Kind sie braucht, ebenso wie sie das Kleine vermisst, wenn sie es fremdbetreuen lassen muss. Doch alle Weichen sind in diese eine Richtung gestellt: Kinder in die Krippe und Frauen in den Beruf. Sehen wir uns doch einmal einen wichtigen Satz an, der im Koalitionsvertrag von CDU/CSU und SPD steht: »Kinder dürfen künftig kein Hemmnis mehr sein für Beruf und Karriere.« Wohlgemerkt, er lautet nicht umgekehrt, dass nämlich der Beruf kein Hemmnis für die Familie sein dürfte. Hier kommt vielmehr glasklar zum Ausdruck, was von oben angeordnet wird, und wenn wir uns die Sozialversicherungsgesetz-, die Familienrechts- und Steuerentscheidungen der zurückliegenden Jahre ansehen, brauchen wir uns über nichts mehr zu wundern.

Wir verzeichnen in Deutschland wie übrigens in fast ganz Europa einen dramatischen Geburtenrückgang seit den 70er-Jahren, der nun in seine entscheidende Phase kommt. Die Bevölkerungspyramide steht bereits auf dem Kopf. Je weniger Kinder in den letzten Jahrzehnten geboren wurden, desto weniger können diese heute ihrerseits Kinder und Kindeskinder bekommen. Was bedeutet, dass es jetzt dramatisch schnell geht. Wir haben viel mehr alte Menschen und immer weniger junge Leute. Das führt dazu, dass nahezu alle neuen politischen Entscheidungen gegen die Förderung der Jungen und im Gegenteil für die Pflege der Alten getroffen werden. Wer will noch in Schulen und Ausbildung investieren, wenn es ohnehin kaum Nachwuchs gibt?

Daneben ist es das Wohl der Kinder, auf das viel zu wenig Rücksicht genommen wird und die einfach erbarmungslos mit in den Sog der schnelllebigen Zeit gezogen werden. Früh fremdbetreut, später in der Ganztagsschule betreut, wird einfach fahrlässig mit den so wichtigen interfamiliären Bindungen umgegangen. Von gemeinsamen Mittagessen daheim kann man meist nur noch träumen, doch gerade dies sind wichtige Momente, damit die Kinder zum Verschnaufen und Entspannen kommen und sich ihr Herz ausschütten können. Auch ihr Zimmer ist eine notwendige Rückzugsmöglichkeit, um zu sich zu kommen, sich innerlich abzuregen, und um dann wieder frisch und gestärkt weitermachen zu können. Wir kennen das doch alles von uns selbst, denn auch wir Erwachsene haben mehrmals am Tag das Bedürfnis, für einige Momente Ruhe zu finden vor der aufreibenden Maschinerie da draußen. Die Kinder sind einfach schwer überlastet, man mutet ihnen ohne Not entschieden zu viel zu, ohne über die Folgen nachzudenken. Nehmen Sie die Folgen des G 8, also die Reduzierung der gymnasialen Schulzeit auf acht Jahre, sie hat haarsträubende Folgen für die Kinder. Sie kommen völlig erschöpft am späten Nachmittag aus der Schule, müssen zu Hause noch weiterarbeiten und haben für ihre Hobbys und ihre Freunde kaum noch Zeit.

Das ist das Drama der Kinder. Und die Männer? Wenige haben noch wirklich Lust auf Familie, viele wenden sich ab, sind zunehmend irritierter und immer weniger bereit, die Rolle des Versorgers in seiner ganzen Verantwortung zu übernehmen.

Das Drama der Männer und der Söhne

Friedrich Hänssler: *Wie sehen Sie überhaupt die allgemeine Rolle des Mannes?*

Eva Herman: Die Männer sind durch die jahrzehntelange einseitige Förderung der Frauen frustriert. Das kann man deutlich an ihrem Verhalten erkennen, denn, wie gerade erwähnt, verweigern sie sich zunehmend. Das ist auch kein Wunder, denn während eine Frau früher von ihrem Mann erwartete, dass er das Geld nach Hause bringt, für Sicherheit, Schutz und Ansehen der Familie sorgte, können dies heute viele Frauen alleine bewerkstelligen. Der Feminismus predigt seit den Siebziger Jahren: »Frauen, nehmt euch alles, erobert die Welt, verdrängt die Männer, die sowieso nur weichgespülte Warmduscher oder eitle Machos sind.« Tja, und steter Tropfen höhlt den Stein, die jahrelange Gehirnwäsche hat ihre Ziele erreicht. Sehen Sie sich doch an, welches Bild häufig die Frauen von den Männern haben: Sie trauen ihnen kaum etwas zu, weil sie selbst alles anscheinend viel besser können. Manche sind gar der Meinung, dass sie zwar ein Kind, jedoch nicht den dazugehörenden Vater wollen. Ein Verbrechen gegen die Kinder, ebenso gegen die Männer und letztlich natürlich auch gegen sich selbst. Die Gleichstellungsentscheidungen der Bundesregierung tun ihr Übriges. Schöne, moderne Zeit! Dass man das Wort ›modern‹ auch auf der ersten Silbe betonen kann, birgt die ganze tragische Wahrheit: Wir fortschrittlichen Menschen modern vor uns hin, befinden uns in der Vorstufe zum Verfaulen.

Die Männer vermissen das Weibliche in unserer Gesellschaft. Sie möchten Frauen haben, die ihrem Geschlecht entsprechend wirken, die weicher sind, verständnisvoller, und vor allem auch selbstloser. Alleine diese letzte Formulierung treibt vielen Emanzen die Zornesröte ins Gesicht. Sie können und wollen nicht einsehen, dass wir Frauen heute bereits ein gutes Stück Weges in die falsche Richtung gelaufen sind, dass wir zunehmend vermännlichen und auch nicht bereit sind, aus dieser merkwürdigen und gleichzeitig anstrengenden Zwitterrolle wieder herauszukommen. Vielerorten wird dieses neue Selbstverständnis als Erfolgsmodell gefeiert, doch mit welchem Ergebnis?

Friedrich Hänssler: Was lässt sich über die Entwicklung der Jungs und der jungen Männer sagen?

Eva Herman: Eine gute Frage, denn sie wird uns in den nächsten Jahren intensiv beschäftigen. Jungs und im weiteren Verlauf die jungen Männer befinden sich in einer tiefen Leistungskrise. Viele sind frustriert und fühlen sich unverstanden, sie schotten sich ab und flüchten in ihre eigenen Innenwelten.

Friedrich Hänssler: Das klingt nicht gut. Wie kommen Sie darauf?

Eva Herman: Es existieren inzwischen zahlreiche Untersuchungen darüber. So sprechen Zahlen eine deutliche Sprache. Fast fünfzehn Prozent weniger junge Männer in Deutschland machen inzwischen ihr Abitur als die jungen Frauen, was die Hochschulabschlüsse angeht, liegt die Zahl noch höher. Achtzig Prozent der jungen Leute ohne Schulabschluss sind männlichen Geschlechtes, und so kann man die Liste noch endlos fortsetzen. Eine wissenschaftliche Untersuchung zur Situation unserer Jungs gab das Bildungsministerium der Bundesregierung im Jahr 2007 in Auftrag. Die Ergebnisse, die

Ende 2007 feststanden, waren verheerend und decken sich mit diesen Angaben. Vorsichtshalber verzichtete man darauf, diese Studie zu veröffentlichen. So wurde dem mündigen Bürger vorenthalten, auf welch steiler Straße es talabwärts geht. Diese Augenwischerei wird sich nicht lange halten können, denn die Probleme werden immer offensichtlicher.

Friedrich Hänssler: *Wo liegen die Ursachen für die Entwicklung?*

Eva Herman: Sie liegen unter anderem an fehlenden, verlässlichen, männlichen Vorbildern und an einer zunehmenden Feminisierung der Gesellschaft. So kann es dem Sohn einer alleinerziehenden Mutter durchaus passieren, dass er bis zur Vollendung seines achtzehnten Lebensjahres keiner männlichen Vorbildfigur begegnete, an der er sich orientieren und männliches Verhalten studieren konnte. Denn schon in Krippe und Kindergarten begegnete er zu hundert Prozent weiblichen Erzieherinnen, in der Grundschule unterrichten nahezu ausschließlich Lehrerinnen und auch an den weiterführenden Schulen macht sich der Trend bemerkbar, dass immer mehr Frauen zum Lehrpersonal gehören. Was vornehmlich daran liegt, dass der Lehrerberuf schlecht bezahlt und immer weniger von Männern bevorzugt wird.

Friedrich Hänssler: *Warum sind weibliche Lehrkräfte nachteilig für die Entwicklung der Jungen?*

Eva Herman: Man kann nicht grundsätzlich sagen, dass Lehrerinnen ungeeignet seien, im Gegenteil, weibliche Anteile in der Schulerziehung sind ebenso wichtig wie die männlichen. Doch wenn die männlichen Einflüsse nahezu komplett fehlen, entsteht ein Ungleichgewicht. Denn Frauen reagieren in aller Regel anders auf das Verhalten der Jungs als Männer.

Denen ist es ja durchaus vertraut. So werden Erzieher oder Lehrer seltener eingreifen, wenn die Jungs sich Keilereien liefern, weil sie genau wissen, dass dies naturgemäß erforderlich ist, um eigene Rangordnungen und Hierarchien aufzustellen. Eine Frau hingegen sieht sofort die Welt untergehen, wenn einem Jungen die Nase blutet oder seine Hose nach einer Prügelei ein Loch hat. Sie wird in aller Regel diese kleinen und meist harmlosen Kabbeleien unterbrechen, um Ruhe herzustellen. Dadurch verhindert sie jedoch nicht nur eine völlig natürliche Entwicklung der Kinder, sondern es kommt dadurch natürlich auch nicht zu der so wichtigen Versöhnung zwischen den Jungs, die notwendig für das weitere, natürliche Miteinander ist. Und so werden die Jungen zunehmend frustrierter und flüchten sich in PC- und Playstationwelten, in denen ihre fragwürdigen und häufig brutalen Helden ihre Kämpfe zu Ende bringen und immer Sieger bleiben, egal mit welchen Methoden.

Auch muss man die Koedukation an den Schulen ansprechen, also den Umstand, dass Mädchen und Jungen nahezu alle Unterrichtsformen gemeinsam erleben. Im Laufe der Schulzeit liegen große Unterschiede in der Entwicklung der beiden Geschlechter vor. Mädchen sind bis zur achten, neunten Klasse in aller Regel in der Auffassung immer ein Stück schneller und weiter als die Jungen, sie geben damit den allgemeinen Maßstab vor. Es fällt den Jungen häufig schwer, da mitzuhalten, weil sie in ihrer naturgemäßen Entwicklung einfach noch nicht so weit sind. So lernen sie schnell, sich als Verlierer zu fühlen, und die Mädchen nehmen sie als solche auch wahr, was schon früh ein Grundverständnis zwischen den weiblichen und männlichen Welten prägt.

Friedrich Hänssler: Das klingt ja dramatisch, ist es wirklich so schlimm?

Eva Herman: Wir werden in den kommenden Jahren die Ausmaße zu spüren bekommen, die zurzeit noch als Geheimnis gehütet werden wie ein Augapfel.

Ein Beispiel: In vielen Oberstufen gibt es immer noch den gemeinsamen Sportunterricht, obwohl von Anfang doch klar sein muss, dass die Körper sich unterschiedlich entwickeln, die Kraftproportionen anders bei einem Jungen verteilt sind als bei den Mädchen und deswegen auch die körperlichen Anforderungen völlig andere sind. Abgesehen davon, dass schon lange vor der Pubertät auch das Thema Scham eine entscheidende Rolle für die sich entwickelnden Seelen spielt.

Nun, da ja meist die Programme an den weiblichen Schülern ausgerichtet werden, kann es durchaus passieren, dass entwickelnde Jungen plötzlich Einrad fahren müssen und ständig zur Ordnung gerufen werden, wenn sie bei Ballspielen zu hart mit den Mädchen umgehen. Auf ihre natürlichen, männlicher werdenden Bedürfnisse wird dabei nur selten eingegangen. Dass häufig auch die Mädchen genervt sind von der Ruppigkeit der Jungs, versteht sich von selbst.

All das und vieles mehr wirkt sich nachteilig aus, damit aus den kleinen Jungen einmal echte Männer werden können. Und woran liegt das? An der irrigen, doch leider sehr verbreiteten Überzeugung, die auch nachhaltig von unserer Regierung in allen Programmen vorangetriebenen Vorstellung, es gäbe keine Unterschiede zwischen den Geschlechtern. Hier wird vieles von dem angelegt, was später zu mannigfaltigen Irrtümern bis hin zu völligem Unverständnis zwischen Mann und Frau hinführt. Es ist die Leugnung der Wahrheit, die Leugnung von Mann und Frau, die unsere Gesellschaft noch in bedrohliche Situationen bringen wird.

Die wirtschaftlichen Folgen des Auslaufmodells »Familie«

Friedrich Hänssler: *Die Familie wird zum Auslaufmodell, obwohl Familie lebensnotwendig für das Überleben einer Gesellschaft ist. Reichlich schizophren, wie mit Familie und vor allem Kindern umgesprungen wird, oder?*

Eva Herman: Abgesehen von all den sozialen Folgen, die unsere Gesellschaft emotional austrocknen lässt, sind auch die wirtschaftlichen Folgen nicht zu unterschätzen. Denn der immer niedriger werdende Anteil junger Menschen beeinflusst natürlich auch das Verbrauchs- und Sparverhalten. Es ist doch logisch, dass die Gesamtnachfrage nun stärker auf Konsum als auf Investition zielt. Die Investitionsbedürfnisse für junge Leute sind umfangreich: Schulische Einrichtungen, Hochschulen, Grundstücke, Wohnungsausstattungen, Autos und vieles mehr. Doch davon benötigen wir bekanntermaßen jeden Tag weniger. Diese Investitionsbedürfnisse haben die älteren Leute natürlich meist schon gedeckt, sie haben sich eingerichtet und verbrauchen in der Regel gerade einmal das, was sie zum täglichen Leben benötigen. Das erhöhte Pflegerisiko der älteren Generationen führt zudem zu einem verstärkten Sparverhalten, wieder also Geld, welches im Umlauf fehlt. So könnte man die Liste beliebig fortsetzen, und man muss sich fragen, warum nicht viel mehr sinnvolle Maßnahmen ergriffen werden, um das Modell Familie in Deutschland wieder zu höherer Wertschätzung zu bringen.

Friedrich Hänssler: *Welche nachteiligen Folgen kann die Überalterung der Gesellschaft noch bringen?*

Eva Herman: Es ist für junge Leute generell schwierig, in eine überalterte Gesellschaft hineingeboren zu werden. Denn diese Gesellschaft wird sich durch Haltungen und Verhaltensweisen ausdrücken, die sich von denen der Jungen deutlich unterscheiden. Eine Umwelt, die auf Sicherheit und Bestandswahrung ausgerichtet ist, wird bei den Menschen nicht die gleichen Reaktionen auslösen, wie wenn sie in einer entscheidungsfreudigen, jungen und innovativen Atmosphäre leben. Es muss die Frage gestellt werden, ob eine von Alten dominierte Gesellschaft nicht gefährdet ist, sich allem Neuen und Unbekannten entgegenzusetzen, während dies für die Jungen nur selbstverständliche Maßnahmen zur Weiterentwicklung sind. Das kann letztlich zur Folge haben, dass bei Nichterfüllung der Bedürfnisse junge, aufstrebende Menschen ganzer Altersgruppen resignieren und sich nur in regelmäßig wiederkehrenden Gewaltausbrüchen ausdrücken können, wie wir das ja bereits in einigen anderen europäischen Ländern beobachten können.

Friedrich Hänssler: Was lernt der Mensch in seiner Familie?

Eva Herman: Die Familie ist der kleinste Kern einer Gesellschaft. Sie funktioniert als eine kleine Gesellschaft. So wie im Kleinen, so ist es auch im Großen. Wenn der Mensch stabil in einem Familienverbund steht und lebt, wird er da draußen natürlich auch stabil stehen können. Er lernt in der Familie so unendlich vieles: Rücksicht zu nehmen, Verantwortung zu übernehmen, auch mal zurückzutreten vor dem anderen, gemeinsam zu lachen oder zu trauern, Unsinn zu machen, einander zu helfen und zu unterstützen, und Krisen gemeinsam zu meistern, sich also auch durch negative Erlebnisse oder Streit gemeinsam weiterzuentwickeln. Wie heißt es so schön im Volksmund? Geteiltes Leid ist halbes Leid.

Wenn man das gelernt hat und dies zum Bestandteil des Lebens wird, dann wird man auch in der Gesellschaft auf die unterschiedlichsten Ansprüche, Forderungen und Bedürfnisse der anderen Menschen angemessen reagieren können, denn man bewegt sich auf vertrautem Gebiet. Wer das nicht gelernt hat, wer vielleicht als ewiger Single durchs Leben geht, hochindividuell und hedonistisch lebt und sagt:»Ich bestehe auf meiner Freiheit«, der ist vielleicht auf eine eigentümliche Weise frei, aber er ist häufig auch verdammt alleine. Alles Leid, alle Niederlagen muss er alleine ertragen. Und auch die Freude, die in Gemeinschaft doppelt und dreifach empfunden werden kann, teilt er mit niemandem. Wie arm ist derjenige, der alleine steht, trotz Ansehen und Geld. Das Glück liegt in der Gemeinschaft.

»Lufthoheit über den Kinderbetten«

Friedrich Hänssler: Noch eine Schizophrenie: Während der Schwangerschaft werden etliche medizinische Untersuchungen durchgeführt, wir tun alles Mögliche für Mutter und Kind und vieles dreht sich um das werdende Kind. Ist das Baby aber da, wird es schnell an andere »abgeschoben«. Wie denken Sie darüber?

Eva Herman: Sie haben völlig recht, und in diesem Zusammenhang fallen mir die Tierschutzgesetze ein. Für ein Huhn in der Legebatterie gibt es inzwischen – zum Glück – eine Mindestvorschrift des Platzangebotes. Dafür sind viele Leute auf die Straße gegangen und haben sich nachhaltig dafür eingesetzt. Für unsere Kinder in der Krippe existieren keine derartigen Vorgaben, unser Betreuungsschlüssel sieht manchmal zwanzig und mehr Kinder pro Betreuerin auf engstem Raum vor. Hundewelpen dürfen vom Züchter nicht vor Vollendung der zwölften Lebenswoche von der Mutter getrennt und in fremde Hände gegeben werden, weil sie ansonsten seelischen Schaden nehmen und durch diese negative Erfahrung später zum Beißer werden könnten. Auch wird einem Hundehalter, der ein Tier aus dem Tierheim holt, häufig nahegelegt, nicht in Vollzeit zu arbeiten, weil die Seele des Tieres nicht mit der langen Abwesenheit von Herrchen klarkommen kann. Und unsere Kinder? Kein Hahn kräht danach, wie es ihnen geht, wenn beide Elternteile Geld verdienen gehen und sie nach Krippe und Kindergarten zu Schulkindern werden, denen ein Schlüssel am Hals hängt, damit sie nach einem anstrengenden Schultag in die leere Wohnung gelangen und sich das Essen in der Mikrowelle warm machen können.

Friedrich Hänssler: Wie steht es denn mit der »Lufthoheit über den Kinderbetten«, wie es einmal der heutige Arbeitsminister Olaf Scholz formulierte?

Eva Herman: Ja, die sind schon ganz schön weit damit, man kann leider schon gratulieren. Dieses Anliegen wurde mit verstärkter Energie relativ zügig umgesetzt, was ich angesichts der ansonsten eher schwerfälligen Entscheidungsfreudigkeit der Politik niemals für möglich gehalten hätte. Als ich begann, mich für das Thema ernsthafter zu interessieren, war Renate Schmidt (SPD) noch Familienministerin. Sie hat diesen Unsinn angeschoben, dass der Krippenausbau auf 750 000 Plätze beschlossen wurde. Als dann die Regierung wechselte und die große Koalition kam, wir aber eine christlich-demokratisch gewählte Familienministerin bekamen, dachte ich mir: Nun ja, jetzt wird zumindest zu diesem Thema Frieden einkehren und dieser absurde Beschluss rückgängig gemacht werden. Doch weit gefehlt.

Das politische Programm in Richtung Familienerosion wurde weiter forciert und vorangetrieben. Es wurden nach dem Regierungswechsel nicht einmal die Staatssekretäre der Vorgängerin ausgetauscht, sondern die sind zum Teil einfach auf ihrem Stuhl sitzen geblieben und haben ihren Stiefel weiter durchgezogen. Alle ziehen mit an diesem Strang: CDU, SPD, Grüne und auch die FDP. Die Einzigen, die sich für das Wohl der Kinder einsetzen wollen, sind unter anderem einige Politiker der CSU. Welch krude Zustände. Wir nähern uns allmählich durchaus ähnlichen Zuständen wie einst in der ehemaligen DDR.

Friedrich Hänssler: Wie beurteilen Sie denn generell die Familienpolitik der Bundesregierung? Was läuft gut, was läuft schief?

Eva Herman: Es wird auf der einen Seite immer wieder betont, dass man das Beste für die Familien wolle. Und grundsätzlich sollten wir einfach einmal vom Guten im Menschen ausgehen und das glauben. Eventuell also ist hin und wieder von politischer Seite durchaus der Vorsatz zum Guten vorhanden. Alleine es fehlt an Mumm, an Durchsetzungskraft, natürlich auch am Geld und am richtigen Konzept. Unser System, unser familienpolitisches System hängt krumm und schief in den Angeln. Nehmen wir ruhig noch einmal das Beispiel der Mehrwertsteuererhöhung von 16 auf 19 Prozent, die im Jahr 2006 durchgesetzt wurde.

Diese trifft natürlich eine Familie doppelt und dreifach schwer, bei jedem Einkauf. Wenn eine Mutter heute für ihre drei Kinder und ihren Mann jeweils ein paar Socken kaufen möchte, dann sind das fünf Paar Socken, auf denen fünf mal 19 Prozent Mehrwertsteuer liegen. Diese 19 Prozent Mehrwertsteuer muss die Familie also fünfmal bezahlen und eben für alles andere auch. Das geht viel tiefer ins Portemonnaie, als man sich das vielleicht vorher dachte. Diese Erhöhung ist verfassungswidrig, wir leben also außerdem im Verfassungsbruch. Weitere Belastungen durch Pendlerpauschale und Ökosteuer wirken sich zusätzlich belastend für die Familien aus.

Man muss sich angesichts dieser Feststellungen fragen, wie eine menschenfreundliche und dem Wohl förderliche Politik das zulassen kann? Wir beobachten, dass die Schere immer weiter auseinandergeht, dass das so genannte Prekariat, wie es ja jetzt heißt, also die Unterschicht, immer größer wird. Zweieinhalb Millionen Kinder leben inzwischen in Armut, Tendenz rasant steigend. Weitere zwei Millionen leben an der Grenze zur Kinderarmut. Gleichzeitig werden Gesetze gemacht, die immer wieder nur die Familien schädigen. In jedem Bereich. Auch die Pendlerpauschale trifft ebenso besonders die Familien. Und auch das neue Elterngeld, das ja als Errungenschaft bezeichnet wird, wofür aber das Erziehungsgeld abgeschafft worden ist. Auch das kommt nur den Besserverdienenden zu, während die schlechter verdienenden Menschen hier auch wieder den Schwarzen Peter zugeschoben bekommen. Unterm Strich behält das Familienministerium durch die Abschaffung des Erziehungsgeldes und die Einführung des Elterngeldes mehr Geld in ihrer Kasse, das heißt, es fließt durch dieses neue Gesetz unterm Strich weniger Geld in die Familien als vorher. Das Ganze wird als Erfolg gefeiert, das gesparte Geld wird jedoch nicht etwa weiter in Familien investiert, sondern in die Alten, und den Menschen wird dabei auch noch weisgemacht, wir hätten eine familienfreundliche Politik. Wenn es nicht so traurig wäre, so wäre das alles schlichtweg zum Piepen.

Friedrich Hänssler: *Müsste nicht aufgrund des dramatischen Geburtenrückganges in unserer Republik, der Alice Schwarzer »nicht* *die Bohne« interessiert, weil man dem »Führer ja kein Kind mehr schenken muss«, ein hohes Lied für die Familie angestimmt werden?*

Eva Herman: Das wird ja allerorten getan, auch in Berlin, aber es sind meist nur irreführende Lippenbekenntnisse. Wenn Sie heute eine Umfrage unter den Bürgern Deutschlands machen würden, ob wir viel tun für die Familien, dann würden die Leute wahrscheinlich sagen: »Ja, das ist schon toll, was die heute alles für uns tun«, weil diese merkwürdigen Maßnahmen, die kaum einem wirklich weiterhelfen außer den Gutverdienenden, subtil und clever verkauft werden. Die Botschaft »Wir sind familienfreundlich« wird jeden Tag aufs Neue verkündet. Es wird nur leider nicht umgesetzt. Man müsste aber angesichts der sinkenden Geburtenrate etliches verändern, um die dramatischen Zustände in unserem Land, die unwillkürlich folgen werden in absehbarer Zeit, abzumildern. Zu verhindern sind sie ohnehin nicht mehr.

Friedrich Hänssler: Was könnte man tun?

Eva Herman: Man könnte beispielsweise einfach einmal die Wahrheit sagen. Man müsste definieren und auseinanderlegen, für jedermann sichtbar und verständlich, wo wir stehen und was uns noch retten kann, eine Bestandsaufnahme vorlegen, fernab von allen Wahlprogrammen. Man dürfte Kinder nicht als »Humankapital« betrachten, die uns die Rente sichern, sondern als eigenständige Wesen, die ihren geistigen Aufstieg finden sollen und dafür unsere ganze Unterstützung benötigen. Man müsste untersuchen, woran liegt es denn, dass wir immer weniger Kinder kriegen. Wir würden zum guten Schluss auf jeden Fall nicht, wie Frau von der Leyen, zu dem Schluss kommen, es läge daran, dass wir mehr Krippen brauchen.

Friedrich Hänssler: Woran liegt es dann?

Eva Herman: Nachgewiesenermaßen liegt in den Bundesländern, wo viele Krippen existieren, die Geburtenrate mit am niedrigsten. Während in Baden-Württemberg oder Bayern, wo es entschieden weniger Krippenplatzangebote gibt, die Geburtenraten die höchsten sind.

Friedrich Hänssler: Wie ist das zu erklären?

Eva Herman: Die Antwort liegt darin begründet, dass in Gesellschaften, die traditionsbewusst sind, die ihr Land lieben, die ihre Kultur pflegen, die sich für Werte einsetzen und die vor allem ein festes Glaubensfundament haben, dass dort genügend Kinder geboren werden, um auch die weitere Gesellschaft am Leben zu erhalten. In den Ländern, wo man ohne Gott auszukommen glaubt, wo das superhypermoderne Leben Einzug gehalten hat und nicht unbedingt eine Ehe das feste Fundament einer Beziehung sein muss, wo auch Kinder eher als Problem gesehen werden denn als Reichtum, da haben wir in der Regel die wenigsten Geburten. Das heißt, der Geburtenrückgang einer Gesellschaft beginnt zuerst in den Köpfen und in den Herzen der Menschen.

Friedrich Hänssler: Aber Sie haben einmal gesagt: »Der Feminismus fraß unsere Kinder.« Wie begründen Sie das?

Eva Herman: Aufgefressen heißt, sie sind nicht mehr da. Nehmen Sie die erfolgreichen Frauen, wir wissen, dass über 40 Prozent der Karrierefrauen überhaupt keine Kinder mehr bekommen. Das heißt, entweder sie erkennen selbst bereits im Vorfeld, dass sie nur eine einzige Angelegenheit davon bewältigen können, entweder die Karriere oder die Kinder, und

40 Prozent entschließen sich dann nur alleine für die Karriere. Sie wissen eben, dass beides schwer zu vereinbaren ist. Je mehr die moderne Frau auf Selbstverwirklichung bedacht ist, je machtvoller sie heute dasteht, desto weniger Kinder hat sie.

Friedrich Hänssler: Will unsere Gesellschaft den Vorrang der Familie nicht mehr sehen, oder kann sie es nicht mehr sehen, weil sie durch die Selbstverwirklichung blind geworden ist?

Eva Herman: Das ist eine sehr gute Frage. Ich bin immer etwas vorsichtig, wenn ich sage »die Gesellschaft«. Weil meine Erfahrung ist, dass sehr viele Menschen das Herz noch auf dem rechten Fleck haben und das Empfinden auch noch dort angesiedelt ist, wo es hingehört, im tiefen Inneren. Meine Erfahrung ist, dass viele Menschen inzwischen klarer sehen und allmählich aufwachen. Man kann, glaube ich, eher sagen, dass es der Politik über viele Jahre hinweg gelungen ist, Nebel zu werfen und den Menschen vorzugaukeln, dass alles in Butter sei und dass diese modernen Lebensentwürfe Glück und Erfolg nach sich zögen.

Viele Menschen erkennen jedoch inzwischen immer deutlicher, dass dem nicht so ist und dass sie durch Eigenverantwortung die Initiative ergreifen müssen. Zwar halten einzelne feministische und linke Kreise ihre verstaubten Achtundsechziger-Schlachtrufe noch hoch und sie werden dabei auch von einigen Medien unterstützt, weil natürlich auch gerade hier in den Schaltstellen zu großen Teilen noch die Alt-Achtundsechziger sitzen. Das heißt, es gibt unter dem Strich einen entscheidenden Unterschied zwischen der öffentlichen und der veröffentlichten Meinung.

Gott, die Kinder und die Mütter

Friedrich Hänssler: Können wir die Wende noch schaffen? Wie kann gegengesteuert werden? Oder müssen wir uns mit der Familienzerstörung und der Wegnahme der Kinder aus dem häuslichen Umfeld abfinden?

Eva Herman: Wir dürfen uns nicht abfinden, niemals. Martin Luther sagte: »Und ginge morgen die Welt unter, so pflanzte ich heute mein Apfelbäumchen.« Nur so kann man weiter eintreten für das Gute und darf die Hoffnung nicht aufgeben. Denn die Hoffnung stirbt zum Schluss. Jeder Mensch muss vielmehr prüfen, ob sein Leben so verläuft, wie er das ursprünglich wollte. Und wenn dem nicht so ist und der Mensch es schafft, sich aufzuraffen und zu sagen: »Ich gehe dagegen an«, dann haben wir den günstigsten Fall erreicht. Es gibt Untersuchungen des Heidelberger Professors Ronald Grossarth, der seit 30 Jahren über 30.000 Menschen regelmäßig interviewt und deren Lebensumstände untersuchte. Er führte eine Art Lebensstilforschung durch und hat das weltgrößte Archiv einer solchen Datensammlung.

Er wollte herausfinden, was ausschlaggebend dafür ist, dass ein Mensch glücklich wird: In Partnerschaften und Beziehungen, ob er erfolgreich ist, ob er lange lebt und dabei gesund bleibt, ob er ein grundsätzlich fröhliches Gemüt hat, wie er also ein einfach rundum beneidenswert zufriedener Mensch wird. Während im Gegensatz dazu andere Menschen in Leid, Krankheit und Trauer verstrickt sind, oftmals nur kürzere Lebenszeiten haben und eigentlich ein jämmerliches Dasein führen müssen. Welche Ausgangsbedingungen sorgen für den einen oder für den anderen Verlauf?

Er fand Erstaunliches heraus: Es gibt vier Faktoren, die ein menschliches Leben nachhaltig beeinflussen und prägen können, und wir ahnen es schon, diese vier Faktoren entwickeln sich in den ersten drei bis vier Lebensjahren eines jeden Menschen.

Lassen Sie uns mit dem zweitwichtigsten Einfluss beginnen:

Es ist die ununterbrochene, zuverlässige Mutter-Kind-Beziehung. Im besten Fall sogar in den ersten vier, fünf Jahren. An dritter Stelle steht ein zuverlässig anwesender Vater, der abends nach Hause kommt, der am Wochenende da ist, der morgens mit den Kindern aufsteht und frühstückt. Ein Vater also, der als verlässlich anwesend gelten kann. An vierter Stelle der Wichtigkeit steht für einen Menschen, der ein glückliches, stabiles und liebesintensives Leben führen möchte, dass er so lange wie möglich gestillt wurde.

Und nun zu Punkt eins: An allererster Stelle steht der Glaube, die tiefe, innige Verbindung zum Schöpfer. Wenn ein Mensch also sich innig mit Gott verbunden fühlt und dies durch Gebete und ein möglichst tugendhaftes Leben unterstützt, stärkt und weiter ausbaut, so ist dies der Untersuchung Grossarths zufolge der allerwichtigste Grundstein für ein erfülltes und langlebiges Dasein. Alle Probleme und Schicksalsschläge, die einen Menschen treffen können, bewältigt der Gläubige eindeutig leichter und besser.

Den Untersuchungsergebnissen zufolge steht übrigens eine natürliche und gute Mutterbeziehung in engem Zusammenhang zum Gottesglauben. Wie anders ist es sonst erklärbar, dass Menschen mit einer guten Mutterbeziehung im späteren Leben zu einem hohen Prozentsatz, es sind etwa 80 Prozent, zum Glauben kommen. Während diejenigen, die eine instabile, unterbrochene und schwierige Mutterbeziehung hatten, fast alle ungläubig sind.

Friedrich Hänssler: Heißt das, dass jemand, der ein schlechtes Verhältnis zu seiner Mutter hat, grundsätzlich weniger Chancen hat, Gott zu finden?

Eva Herman: Nicht ganz. Zum Glück gibt Gott uns Menschen immer wieder Möglichkeiten, damit wir unser Glück doch noch finden können. Dazu ist jedoch in aller Regel etwas Arbeit vonnöten, die wir aus eigener Kraft aufbringen müssen. Wer Probleme mit seiner Mutter hat aufgrund ehemaliger mangelnder Zuwendung und Bindung, die sich ja meist später auswirken in fehlendem Zugehörigkeitsgefühl und allen damit verbundenen Schwierigkeiten des sich nicht mehr Annähernkönnens, der müsste zunächst überhaupt einmal die Einsicht darüber gewinnen, dass er zu dieser nicht kleinen Gruppe gehört.

Es ist wichtig, dass die Mutter und das ehemalige Kind, das wahrscheinlich zu diesem Zeitpunkt bereits erwachsen ist, gemeinsam ins Gespräch kommen. Die Mutter muss unbedingt erfahren, wie schmerzhaft es für ihr Kind war, dass es nicht genügend Zuwendung und Liebe von ihr erhielt, auch wenn sie einst in bestem Vorsatz gehandelt haben mochte, was bei vielen Müttern ja der Fall ist. Sie muss erkennen, dass sie ihrem Kind wichtige Seelenanliegen nicht erfüllen konnte und dass dies nachhaltige Folgen hatte. Diese Aussprache ist enorm wichtig, sie beseitigt zwar nicht den Schmerz des Kindes, doch kann dadurch im günstigen Fall eine Linderung eintreten. Im weiteren Verlauf dieses Annäherungsprozesses muss nun das ehemalige Kind den erlittenen Schmerz abtrennen von der ursprünglichen und natürlichen Liebe zu seiner Mutter, die jedem Menschen innewohnt. Das bedeutet, es muss also zwei Bestandteile der Situation geben: Zum einen den Schmerz und zum anderen die Liebe. Diese beiden dürfen nicht vermischt und in einen Empfindungstopf geworfen werden, denn dann kann keine Genesung erfolgen. Das Kind wird immer wieder vom Schmerz zurückgerissen werden von der Mutter und kann dadurch niemals zu ihr gelangen.

Wer diesen Prozess bewältigt, macht einen beeindruckenden Schritt nach vorne. Er nimmt sein Leben endlich wirklich selbst in die Hand, und er ist nun nicht mehr das verletzte Kind, sondern er wird erwachsen. Grossarth bietet dazu eine gute Therapieform, das sogenannte Autonomietraining, an. Von dieser Gruppe Menschen kommen kurze Zeit nach der Versöhnung wie durch ein Wunder sehr viele zum Glauben, ein weiterer Hinweis darauf, dass eine gute Mutter-Kindbeziehung eines der sichersten Fundamente für einen guten Glauben sind, der uns nach diesen wissenschaftlichen Ergebnissen die beste Grundlage für ein glückliches und erfülltes langes Leben ist.

Friedrich Hänssler: Haben Sie selbst Erfahrungen damit gemacht?

Eva Herman: Ja, ich habe selbst Ähnliches durchlebt mit meiner Mutter, die ich auch für einige Zeit meines Lebens dafür verantwortlich machte, dass sie uns Kinder öfter vernachlässigte, weil sie in unserem Hotel hart arbeiten musste. Sie tat damals nur, was sie tun musste, und sie hatte oft ein schlechtes Gewissen dabei und vor allem Sehnsucht nach uns, doch hatte sie gar keine andere Wahl. Und sie ahnte auch nicht, wie sehr sie uns fehlte und dass wir manchmal wirklich außerordentlich unter der Trennung litten. Lange Jahre diskutierten wir darüber, mühsam manchmal und schwer für Herz und Seele, und eines Tages dann war es mir endlich möglich, diesen Schmerz abzutrennen von der tiefen Liebe zu ihr, die doch so stark in mir war und wieder leben wollte. Plötzlich öffnete sich mein Herz ganz weit und ich konnte sie wieder aufrichtig in die Arme nehmen und lieben. Auf ihrem Sterbebett sprachen wir noch einmal darüber, und alles, was wir uns gegenseitig je zugefügt hatten, haben wir uns in großer Liebe vergeben. Ich habe mich für vieles entschuldigt, was ich jahrelang vor mir hertrug, ihr auch vorwarf, ohne es zu lösen. Dabei musste ich einsehen, wie viel gemeinsame kostbare Zeit uns dadurch genommen worden war, weil ich manches über Jahre nicht verzeihen konnte. Sie hat mir großmütig alles vergeben, wie dies nur eine Mutter tun kann. Von Herzen gerne würde ich viele Kinder vor einem solchen Mutter-Missverständnis bewahren, und vor allem natürlich auch deren Mütter. Und diese Missverständnisse werden hunderttausendfach entstehen, wenn sich unsere Gesellschaft dazu entscheidet, den Ausbau der Krippenplätze auf 750 000 zu akzeptieren und durch ihre Steuern sogar noch mitzufinanzieren.

Friedrich Hänssler: Was machen diejenigen Menschen, deren Mutter bereits verstorben ist, sodass keine Versöhnung mehr möglich ist?

Eva Herman: Auch diese Menschen können weiterkommen und das beherrschende Problem lösen. Sie müssen sich im Nachhinein mit ihrer Mutter aussöhnen und in Einklang mit ihr kommen. Sie müssen ihr vergeben, dass sie sie einst alleine ließ oder sogar ablehnte. Wenn man nämlich genau hinsieht, dann erfuhr auch die eigene Mutter in ihrer Kindheit wiederum ein ähnliches, schmerzhaftes Schicksal, welches sie bei Nichtprüfung in etwa eins zu eins weitergab. Bei dem Versöhnungsprozess allerdings genügt es nicht, einfach nur daherzusagen, dass man nun wieder gut miteinander ist. Sondern man muss dabei sein Herz wirklich öffnen. Und Gott hilft bei der Vergebung und schenkt selbst Vergebung. Ein

Mann, der zu dieser Einsicht gelangt war und endlich Frieden haben wollte mit seiner verstorbenen Mutter, die gegangen war in einer Situation des Streites, entschloss sich zu diesem Schritt. So setzte er sich eines Abends an den Tisch, zündete eine Kerze an und begann, seiner Mutter einen langen Brief zu schreiben. Alles, was ihm auf der Seele brannte, schrieb er hinein, und am Ende waren es nicht nur die Zeilen, in denen er ihr im Nachhinein seine tiefen Empfindungen mitteilte, sondern er sprach mit ihr, er weinte, lachte, weinte wieder und war, wie er selber berichtete, am Ende glücklich wie nie zuvor. »Ich habe Mama zurück in mein Herz geholt, und ab diesem Tag habe ich endlich Frieden gehabt«, so waren seine Worte. Oftmals geschehen danach Dinge, die wie Wunder aussehen, dieser Mann beispielsweise, der bis zu diesem Tag immer finanzielle Probleme hatte, machte wenige Wochen danach eine beträchtliche Erbschaft, die unerwartet aus seiner Mutter Familie kam. Außerdem fand er etwa ein halbes Jahr danach eine Lebenspartnerin, die er heiratete und mit der er sehr glücklich wurde. Es war wie ein Knoten, der zerschlagen und durch den anscheinend wichtige Entwicklungen lange Jahre über gehemmt und verhindert worden waren.

»Und vergib uns unsere Schuld, wie auch wir vergeben unseren Schuldigern.« So steht es im Vaterunser, dem wichtigsten Lebens- und Moralkodex, den wir häufig zumindest mit den Lippen formulieren. Vergebung heißt die Lösung. Von Herzen vergeben können, ist uns nicht geläufig, doch wir können es erlernen, wenn wir es nur wollen und dem Gottessohn folgen mögen.

Friedrich Hänssler: *Wir wissen also inzwischen, dass die Mutter-Kind-Beziehung und der Glaube in bedeutsamem Zusammen-*

hang stehen. Was den Vorsatz nahelegen müsste, dass man den kleinen Kindern den Umgang mit ihrer Mutter unbedingt ermöglichen sollte.

Eva Herman: Ja, damit sie stabile Persönlichkeiten werden können, damit sie auch zum Glauben finden können, und damit sie vor allem möglichst lange gesund bleiben und fröhlich, glücklich und erfolgreich leben können. Denn das ist die Grundlage allen Seins. Vor allem kann ein Mensch, der nicht seinen ganzen Seelenballast durch das Leben schleppen muss, sich leichteren Herzens um sein eigenes seelisches Wohlergehen und auch um das anderer Menschen kümmern.

Friedrich Hänssler: *Sie sagten, diese vier Faktoren kann der Mensch nicht selbst bestimmen. Das hört sich einerseits ziemlich fatalistisch an, andererseits unterstreicht das die Bedeutung der Erziehung. Lässt sich wirklich so zugespitzt sagen, dass die Eltern mit ihrer Erziehung in den ersten Lebensjahren über das weitere Lebensglück entscheiden?*

Eva Herman: Genauso ist es. Die Verantwortung, die Väter und Mütter für das ihnen anvertraute Leben haben, ist größer, als sie heute allermeist übernommen wird. Wir alleine entscheiden darüber, welches geistige und menschliche Rüstzeug unsere Kinder mit auf den Lebensweg bekommen. Und es muss auch zuvorderst die Aufgabe der Eltern bleiben, die auf keinen Fall vom Staat entmündigt werden dürfen, wie es sich zurzeit dramatisch entwickelt.

Friedrich Hänssler: *Und wo bleibt die Eigenverantwortung der Menschen? Provoziert das nicht Aussagen wie:* »Ich bin halt so!« *Und wird so nicht eigene Verantwortung abgeschoben?*

Eva Herman: Nein, denn selbst wenn die Bedürfnisse eines Kindes nicht ausreichend von den Eltern, vornehmlich von der Mutter erfüllt wurden, muss es als Erwachsener die Verantwortung für sein Leben unbedingt einmal selbst übernehmen. Und dazu gehört in erster Linie, sich nicht nur auf andere zu verlassen und Ansprüche zu stellen oder Schuldzuweisungen auszusprechen, sondern das Beste aus seiner eigenen Situation zu machen. Das bedeutet Eigenengagement, eine Menge Arbeit und klare Ziele.

Friedrich Hänssler: Warum beziehen die Kirchen da eigentlich nicht klarer Stellung? Diese müssten Ihnen doch »die Füße küssen« und Sie lauthals unterstützen?

Eva Herman: Vermutlich sind die Forschungen wie z. B. die von Prof. Grossarth, aber auch einiger anderer internationaler Wissenschaftler, noch nicht überall durchgedrungen, und man kann nur hoffen, dass sie nicht einfach übergangen und endlich veröffentlicht werden. Aber abgesehen von der Wissenschaft weiß jeder Mensch, ob er nun zu den Kirchenfürsten gezählt wird oder einen anderen Beruf ausübt, von der immensen Wichtigkeit und Bedeutung der Beziehung und Bindung von Mutter und Kind, weil er selbst einst Kind war und eine Mutter hat und all die dazugehörenden Empfindungen in seinem Inneren zuverlässig gespeichert sind.

Friedrich Hänssler: Es ist aber doch so, dass heute Kinder häufig nur als Last und als Beiwerk, aber nicht als Freude empfunden werden. Welche Rolle spielen Kinder in der heutigen Gesellschaft?

Eva Herman: Kinder werden heutzutage tatsächlich oft eher als ein Problem als ein Anlass zur Freude empfunden. Wenn man schwangere Frauen sieht, dann wird häufig meist nicht mehr gesagt: »Mensch, wie schön für dich« und »Wir freuen uns« und man gratuliert. Sondern eine der ersten Fragen ist: »Wie willst du das Problem lösen? Wie willst du denn mit einem Kind im Schlepptau wieder in den Beruf einsteigen? Wie willst du dein Leben weitergestalten? Reicht das Geld aus?« Das heißt, wer heute schwanger wird, hat automatisch Zukunftsängste, weil Schwierigkeiten heranrücken, die so schnell nicht mehr wegzuorganisieren sind. Außer man entscheidet sich gleich von Anfang an, das Kind früh in die Krippe zu geben, in die Fremdbetreuung, es eben wegzuorganisieren.

Aber dann bleibt die Frage: Wozu braucht man überhaupt Kinder? Wenn ich persönlich auch mit allen Kräften dafür eintrete, dass mehr Kinder geboren werden müssten, damit unsere Gesellschaft überleben kann, dann meine ich damit nicht automatisch, dass sie um alles in der Welt kommen müssen. Das darf man niemals missverstehen. Sondern Kinder müssen ersehnt und geliebt sein. Sie müssen gewollt sein. Eine Mutter und ein Vater, die Kinder bekommen, sollten selig vor Glück und dankbar sein und sagen: »Wie schön, wir werden Eltern! Wir werden unserem Kind das Beste mitgeben, was wir haben: unsere Liebe, unser Verständnis, unseren ganzen Vorsatz, das Mögliche zu versuchen, damit dieses Kind eine gute, naturbedingte Entwicklung nehmen kann, die auch geistiger Art ist. Wir werden das Beste in dem Kind zutage fördern und werden mit dieser gnadenvolle Leihgabe der Natur verantwortungsvoll und dankbar umgehen.« Dann ist es segensreich. Wenn Kinder nur noch als Humankapital produziert werden, dann geht es gleich ganz steil bergab mit uns.

Friedrich Hänssler: Wie kann eine Frau heute Kindererziehung und Job unter einen Hut bringen?

Eva Herman: Sie kann es eben in aller Regel nicht, ohne etwas davon zu vernachlässigen. Astrid Lindgren nahm dazu klar Stellung. Sie sagte:»Eine Frau soll unbedingt ihren Beruf haben, sie soll lernen und sich weiterentwickeln. Aber wenn dann ein Kind kommt, dann darf sie nicht sagen: ›Welch eine Schande, dass ich jetzt zu Hause bleiben muss.‹«

Unser mütterliches Selbstverständnis muss entwickelt werden, es muss »normal«, es muss überhaupt wieder erlaubt sein, dass man bei seinen kleinen Kindern daheimbleibt, und man darf dafür nicht gar stigmatisiert werden, wie es leider zunehmend geschieht.

Durch das schlechte Mutterbild in der Gesellschaft kommt es zu mutter- und familienfeindlichen gesellschaftlichen Auswirkungen. Auch politisch ist eindeutig erkennbar, dass dem Mutterbegriff eine Minderwertigkeit, eine gesellschaftlich nicht akzeptable Bedeutung zukommt. Vielmehr gilt es, von dem »erfolglosen Mutterdasein« in die Erwerbstätigkeit als Erfolgsmodell zu wechseln.

Dies hat nun nachhaltige Auswirkungen auf die Gesellschaft, auf unsere Mentalität und wird zu langfristigen Veränderungen führen, die uns noch das Fürchten lehren werden.

Die Not alleinerziehender Mütter

Friedrich Hänssler: Was macht eine Frau, die alleinerziehend ist, und auf den Job nicht verzichten kann? Haben Sie da Lösungen anzubieten?

Eva Herman: Diese Lösungen können nur von Seiten des Staates kommen, der die Familien, vor allem die Frauen, zurzeit fest im Würgegriff hat. Es ist doch klar, dass sie dringend Unterstützung benötigen, die sie mitnichten bekommen, im Gegenteil: Mit jeder neuen Gesetzesinitiative setzt der Staat noch eins drauf, um den Müttern das Leben mit ihren Kindern schwer zu machen. Vom heiligen Augustinus stammt das Zitat:»Was anderes sind also Reiche, wenn ihnen Gerechtigkeit fehlt, als große Räuberbanden? Sind doch auch Räuberbanden nichts anderes als kleine Reiche.« Dem ist nichts mehr hinzuzufügen.

Friedrich Hänssler: Kennen Sie das Problem aus Ihrem Bekanntenkreis? Was raten Sie da Ihren Freunden?

Eva Herman: Ja, ich kenne eine Menge Beispiele, und nahezu alle eint sie eine Tatsache: Die Mütter können nicht mehr! Sie sind am Ende mit ihren Kräften! Die Erziehung gleitet ihnen oft aus den Händen, vor allem, wenn die Kinder in die Pubertät kommen, sie reiben sich auf zwischen Arbeitsplatz, Einkauf, Haushalt, Kinderbetreuung und dem, was an Familienleben noch übrig bleibt. Die Großeltern der Kinder leben häufig viele hundert Kilometer entfernt oder müssen selber arbeiten. Das heißt, auf die kaum mehr existierenden Großfamilienstrukturen können heute nur noch wenige Menschen zurückgreifen. Die meisten alleinerziehenden Mütter sind mit den Jahren ausgebrannt, manche leiden an Suizidvorstellungen. Nicht nur der Umstand, dass ihr Leben hektisch und ohne Muße ist und dass sie ständig von dem Gefühl belastet werden, nicht genügend für ihre Kinder tun zu können, macht ihnen schwer zu schaffen, ihnen fehlen auch persönliche Perspektiven wie ein neuer Partner, der meist aus Zeitgründen gar nicht erst angedacht werden darf.

Friedrich Hänssler: Wie könnte da die Kirche, konkret, wie könnten die Christen, helfen?

Eva Herman: Früher gab es Einrichtungen wie die Gemeindeschwester oder den Familienhelfer. Sie waren meist ehrenamtlich eingesetzt, um Unterstützung in bedürftigen Familien zu gewähren. Abgesehen davon, dass solche Hilfe eine willkommene und vor allem sinnstiftende Erleichterung für die sogenannten Unterschichtenfamilien sind, wäre eine solche Art Einrichtung wirklich begrüßenswert für die alleinerziehenden Mütter. Doch in allererster Linie müssten diese Mütter Steuererleichterungen und Zuwendungen, Zuschüsse vom Staat erhalten, die ihnen den immensen Überlebensdruck nähmen. Und die ihnen im günstigsten Fall sogar freistellen könnten, die Erwerbstätigkeit für eine Weile an den Nagel zu hängen, um sich um ihr pubertierendes oder auch kleines Kind, welches sie so nötig braucht, selbst kümmern zu können.

Friedrich Hänssler: Haben Sie Erkenntnisse und was meint die Wissenschaft, ab welchem Alter des Kindes und in welchem Umfang die Mutter wieder arbeiten kann?

Eva Herman: Die internationale Bindungsforschung spricht zunächst von den ersten drei bis vier Jahren, in denen die

Prägung des Kindes abläuft, in denen also alle ersten wichtigen Entwicklungsfenster sich öffnen und nach einer bestimmten Zeit auch wieder schließen. Damit sich das Kind günstig entwickeln und alle Schritte gut betreut und begleitet zu Ende bringen kann, ist die Mutter in diesen ersten Jahren prinzipiell die allerwichtigste Person. Wer nun meint, das Kind brauche nach diesem Zeitraum die Mutter nicht mehr, der irrt sich natürlich gewaltig. Denn in jeder Phase ist sie wichtig und wenn es manchmal nur dem Sicherheitsbedürfnis des Kindes dient, dass die Mutter ihm für den Fall helfen könnte, wenn es nötig wäre. All diese sichernden Gewissheiten stabilisieren eine menschliche, sich entwickelnde Persönlichkeit. Jeder muss doch nur einmal zurückdenken an seine eigene Kinder- und Jugendzeit. Was war wichtig, wenn wir aus der Schule kamen? Hauptsache, Mama war da und ein leckeres Essen stand auf dem Tisch. Das sind die natürlichen Grundbedürfnisse eines Kindes. Und selbst wenn Mama am Nachmittag bügelt oder schreibt, die Hauptsache ist doch, dass sie ansprechbar ist bei kleineren und größeren Nöten. Zur Idealentwicklung kann man also nur sagen: Die Mutter ist wichtig für die gesamte Kinder- und Jugendzeit. Doch das darf heutzutage kaum noch thematisiert werden, dann steht Schaum vor dem Mund mancher Kämpferinnen, die meist selbst überhaupt keine Kinder haben.

Friedrich Hänssler: Noch ein weiterer Punkt in diesem Zusammenhang. Was halten Sie von Ganztagsschulen?

Eva Herman: Ich hatte vorhin schon kurz dazu Stellung bezogen. Die Ganztagsschulen wurden eingeführt, damit gestresste Mütter entlastet werden. Sie führen letztlich dazu, dass der Familiensinn weiter ausradiert wird. Denn auf diese Weise werden die gemeinsamen Stunden zu Hause weiter dezimiert. Der Umstand, dass nun bundesweit überall die Ganztagsschulen als Pflicht eingeführt werden sollen, ist ein weiterer klarer Beweis, wie der Staat sich zunehmend in die Familie einmischt und sie auseinanderschlägt.

Eigene Familiengedanken

Friedrich Hänssler: *Was bedeutet Ihnen persönlich Familie?*

Eva Herman: Familie ist aus meiner Sicht das wichtigste Fundament, um stabil durch das Leben zu kommen. Wer in jungen Jahren meint, das schaffe er auch alleine, der mag ja vielleicht sogar für kurze Zeit recht haben. Vor allem, wenn er sich aller Verpflichtungen anderen Menschen gegenüber entbinden und sie lösen kann und sein Leben zunächst gestaltet, wie er es gerade möchte und wie es so kommt. Je älter man später wird, desto mehr fehlt einem die Familie. Wir machen uns heute anscheinend kaum Gedanken darüber, wie es einmal werden wird, wenn wir älter oder alt werden, wir selbstbewussten Selbstverwirklicher.

Wer heute sagt, ich brauche kein Kind, ich brauche keinen Partner, ich bin emanzipiert und gehe mein Leben alleine, der blendet das Alter aus. Wir werden laut Statistik immer älter. Frauen erreichen ein Durchschnittsalter von 84 Jahren, man stelle sich das vor. Aber wer verspricht uns, dass wir gesund bleiben in all den Jahren? Was passiert, wenn ein alleinstehender Mann oder eine alleinstehende Frau mit 70, 80, 90 Jahren schwer krank wird? Das wünsche ich natürlich niemandem. Wenn man nicht mehr für sich selbst entscheiden kann und keine Kinder da sind, kann die Sache übel werden. Wer trifft die Entscheidungen über Therapien, Pflege und

Pflegeplatz? Eines ist sicher: Egal, ob die eigenen Kinder eines alten kranken Menschen am anderen Ende des Landes wohnen oder sogar im Ausland, sie kommen natürlich, wenn es Spitz auf Knopf steht mit den Eltern. Sie treffen alle Entscheidungen, wenn die Eltern sich nicht mehr selbst drum kümmern können.

Doch wenn man alleinstehend ist, was dann? Dann ist man angewiesen auf die Entscheidungen wildfremder Leute. Angesichts der dramatischen Zuspitzung des Problems der älter werdenden Gesellschaft habe ich wenig Vertrauen, dass ich später im Alter in meinem Sinne von fremden Menschen versorgt würde. Millionen anderer Alter wollen ebenfalls gepflegt werden, von den wenigen Jüngeren, die es dann noch geben wird. Dies sind sehr wichtige Gedanken, die man sich häufig im Taumel von Allmachtsgefühlen und Selbstverwirklichung nicht rechtzeitig genug macht.

Friedrich Hänssler: *Teilt Ihr Mann eigentlich Ihre Gedanken und Vorschläge?*

Eva Herman: Wenn er sie nicht teilen würde, könnte ich wahrscheinlich nicht so entschlossen auftreten. Wir diskutieren sehr häufig darüber. Er ist mein ärgster Kritiker. Er pfeift mich auch manchmal zurück, wenn ich aus seiner Sicht zu schnell nach vorne presche. Er bestärkt und bestätigt mich auch. Er bestärkt mich vor allem darin, diesen eingeschlagenen Weg weiterzugehen. Das tut er auch mit Blick nicht nur auf die Gesellschaft, sondern auch auf den Kleinen. Mein Sohn, der jetzt zehn Jahre alt ist, wird mit Sicherheit später vor uns stehen und wird sagen: Als ich Kind war, habt ihr haargenau diese Entwicklung kommen sehen. Warum habt ihr nichts dagegen unternommen?

Diese Fragen stellen ja heute viele ihren Eltern, die in anderen sehr kritischen Zeiten nicht genügend dagegen unternommen haben. Ich möchte diese Frage später zumindest beantworten können mit den Worten: Ich habe es getan.

Friedrich Hänssler: Sie reisen sicherlich viel, sind viel unterwegs. Haben Sie da noch genügend Zeit für Ihren Sohn?

Eva Herman: Ich reise nicht mehr viel. Im Schnitt bin ich an einem Abend in der Woche nicht zu Hause, sondern zu einem Vortrag unterwegs. Mehr sage ich nicht mehr zu, damit genügend Zeit bleibt. Alles andere kann ich von daheim aus tun. Und ich genieße diesen Zustand sehr.

Friedrich Hänssler: Was können wir Männer dazu beitragen, dass Kinder nicht abgeschoben werden müssen, nicht lediglich als Kosten-Faktor gesehen werden?

Eva Herman: Viele Männer haben sich dem Zeitgeist angepasst und haben das Erfolgslied, das Frauen von sich singen, häufig schon übernommen. Es kommt nicht selten vor, dass heute eine junge Frau, die jetzt doch lieber zu Hause bliebe und eine eigene Familie gründen würde, von ihrem Mann aufgefordert wird, eigenes Geld dazuzuverdienen. Das heißt, das moderne Bild hat sich bei den Männern schon auch sehr verfestigt.

Auf EU-Ebene wird ernsthaft angedacht, dass Männer nun per Gesetz zu mehr Hausarbeit und Kindererziehung verpflichtet werden, dass also Männer praktisch ihren gestressten Frauen im Haushalt den Rücken freihalten sollen. Hier würde ich mir wünschen, dass endlich ein Aufschrei durch die Männer geht und sie sagen: »Es reicht. Bis hierher und nicht weiter.« Genauer gesagt, wäre es sehr begrüßenswert, wenn Männer deutlicher denjenigen Frauen gegenüber auf-

träten, die manchmal glauben, die Weisheit mit Löffeln ge-
fressen zu haben, und ständig alles besser zu wissen meinen,
umgekehrt gilt dies natürlich ebenso. Ich würde mir einfach
viel mehr Verständnis zwischen Mann und Frau wünschen.
Das gilt allerdings in mindestens demselben Maße für Frau-
en.

*Friedrich Hänssler: Sehen Sie da Männer, die kraftvoller auftre-
ten könnten? Günther Jauch? Thomas Gottschalk? Harald Schmidt?*

Eva Herman: Wir führen ja seit einiger Zeit öffentlich die
wichtige Debatte um die Familie. Ein gutes Beispiel für eine
öffentliche Stellungnahme von prominenter Seite ist das Buch
von Boris Becker zum Thema Familie. Alles, was wir dabei
beobachten können, ist neben einem zugegebenermaßen tur-
bulenten Liebesleben dennoch die absolute Priorität, dass es
den Kindern und auch seiner ehemaligen Ehefrau gut geht.
Auch Steffi Graf ist ein herausragendes prominentes Beispiel
für ein liebevolles, inniges Familienverständnis. Durch ihre
eigene Stiftung, mit der sie Not leidende Kinder unterstützt,
geht sie noch einen Schritt weiter. Dass die Herren Jauch,
Gottschalk und Schmidt nicht allzu viel über die Familie an
sich sprechen, hängt sicher damit zusammen, dass sie sehr
prominent sind und deswegen ihre Familie zu schützen suchen. Dafür habe ich volles Verständnis. Dennoch wäre eine
positive Stellungnahme zum Thema Familie und Nachwuchs
allgemein nicht schlecht, weil damit vielen anderen im Land
unsichtbar geholfen wäre. Alleine zu wissen, das Thomas
Gottschalk oder Günther Jauch oder auch Herr Schmidt sagen: Leute, haltet eure Familie zusammen, sie ist das Beste,
was ihr habt, das täte sicher vielen Leuten sehr gut.

Die lebensrettende Angel

Friedrich Hänssler: Wir hören von vielen Seiten das Argument:
»In Krippen und Kindergärten können sich Fachleute um die Kinder
kümmern.« Das hört sich doch eigentlich ganz vernünftig an.

Eva Herman: Ja, das hört sich wirklich gut an. Man geht sogar noch einen Schritt weiter: Wenn eine fremde Fachkraft
sich um die kleinen Kinder in der Krippe kümmert, dann ist
das hochprofessionell. Wenn es dagegen die eigene Mutter
tut, ist es altmodisch.

Wir haben in Deutschland, das erwähnte ich zuvor, zudem
ein marodes, mangelhaftes Betreuungssystem. Das ist eben
nicht nur der gesetzlich nicht geregelte Betreuungsschlüssel.
In den meisten anderen europäischen Ländern sind Hochschulausbildungen für das Betreuungspersonal der kleinen
Kinder unabdingbar. Davon sind wir Lichtjahre entfernt. Kinder, die heute zu Teilen schon mit zwölf Wochen in eine Krippe wegorganisiert werden und unter ärgstem Muttermangel
leiden müssen, müssen wenigstens dort 100-prozentig aufgefangen werden. Sie müssen geliebt, getragen werden, versorgt werden. Ich unterstelle den meisten Frauen, die in einer
solchen Einrichtung arbeiten, dass sie ihr Allerbestes geben.
Sie können es alleine aber nicht schaffen.

Zahllose Erzieherinnen, die in Krippen arbeiten, schrieben
mir. Ich habe daraufhin eine Kartei von diesen Berichten angelegt. Der Tenor lautet: »Wir schaffen es nicht. Uns bricht es
das Herz. Wir können die Kinder nicht alle so versorgen, wie
wir sie versorgen müssten.«

Mein Vertrauen bis auf allerwenigste Ausnahmen tendiert
gegen Null. Ich weiß, dass es für einige verschwindend wenige Familien gut ist, wenn die Kinder aus den Familien raus-

kommen und anderweitig betreut werden. Doch selbst in solchen Fällen lautet das Geheimrezept niemals »Krippe«. Den Familien wäre viel mehr geholfen, wenn man ihnen Menschen an die Seite stellen würde, die in deren Wohnung kämen und die ihnen die allerwichtigsten Notwendigkeiten für ein einigermaßen geregeltes Leben beibrächten. Frei nach dem Motto:»Einem Hungernden gib keinen Fisch zum Essen, sondern eine Angel, auf dass er sich künftig immer selbst den Fisch fangen kann.«

Nehmen wir das Beispiel einer Mutter mit drei oder vier Kindern, die selber emotional verarmt ist, weil sie als Kind vernachlässigt wurde. Wenn wir uns heute die Vernachlässigungs- und Misshandlungsfälle ansehen, dann sind es zu 99 Prozent Mütter und Väter, die selber Defizite in der eigenen Kindheit erlebt haben und deswegen meist gar nicht anders können. Sie brauchen dringend Hilfe und Unterstützung. Denen muss man nicht noch die Kinder wegnehmen und den Stempel aufdrücken »Ihr könnt gar nichts und ihr seid nichts wert«. Wenn man ihnen dagegen liebevoll alle mögliche Erleichterungen gibt, wie schon gesagt, etwa eine Familienhelferin und psychologische Begleitung, dann macht man sie gleichzeitig stark und eigenständig für die Zukunft, und langfristig sind die Kosten, die der Staat für diese Familie zu tragen hat, damit erheblich geringer.

Friedrich Hänssler: Wer angeln will, braucht einen Angelschein. Wer segeln will, einen Segelschein. Dazu kommen Jagdschein, Führerschein und mittlerweile sogar Energiepass. Warum gibt es keinen Ehe- und Erziehungsschein? Würde das helfen?

Eva Herman: Ja, das würde einigen sicher helfen. Und vereinzelte Vereine bieten Derartiges auch schon an. Doch Achtung: Auch hier gilt, dass es immer nur eine kleine Gruppe unserer Bevölkerung ist, die selber nicht in der Lage ist, Familie zu leben. Die meisten Mütter und Väter brauchen keinen Elternführerschein, sie tragen diese Kenntnisse natürlicherweise in sich. Und mir stehen alleine die Haare zu Berge bei dem Gedanken, dass dieser Führerschein von unseren Politikern entwickelt werden könnte, ohne Berücksichtigung der wichtigen Empfehlungen von Bindungs- und Hirnforschern.

Die Verantwortung der Medien

Friedrich Hänssler: *Lassen Sie uns zu Ihrer Situation in der Öffentlichkeit kommen. Die Medien halten sich derzeit mit Beschimpfungen zurück.*

Eva Herman: Sie sehen heute am Pressebild, dass es größtenteils nur noch versteckte Kommentare gibt, ich hätte mich angeblich missverständlich geäußert. Die meisten allerdings schreiben überhaupt nichts mehr, weil sie sich vielleicht klar darüber geworden sind, dass ihnen Fehler unterlaufen sind. Der Unterhaltungschef einer großen Zeitung rief mich vor einer Weile an und sagte:»Frau Herman, wir haben Ihnen bitter Unrecht getan, uns liegt jetzt Ihr Originalzitat vor und wir sehen, dass Sie sich überhaupt nicht missverständlich und etwa lobend über das Dritte Reich geäußert haben.« Dann habe ich ihn gefragt:»Und, was machen Sie jetzt mit Ihrer neuen Erkenntnis?«»Ja«, sagt er»das Blatt wendet sich ja ohnehin im Moment. Wir werden auf jeden Fall so etwas nicht noch mal schreiben.« Das ist das Endergebnis. Aber was natürlich draußen hängen geblieben ist bei den Leuten, das ist fatal.

Friedrich Hänssler: Warum sind Sie nicht gegen das Hamburger Abendblatt bzw. die Journalistin juristisch vorgegangen?

Eva Herman: Die Verfahren laufen noch. Es war am Anfang in der allgemeinen Verwirrung sehr schwierig, einen richtigen Strategieplan zu entwerfen, wie meine Anwälte und ich im Einzelnen vorzugehen hatten, denn es waren hunderte Medien, die falsch über mich berichteten. Im Rückblick betrachtet, sieht die Sache natürlich einfacher aus. Man darf jedoch nicht vergessen, dass ich für einige Wochen tatsächlich traumatisiert war. Jeden Tag kamen neue Schläge, die verarbeitet werden wollten. Auch meine Ratgeber waren überfordert, niemand hatte eine solche Jagd erwartet. Wochenlang, und das ist keine Übertreibung, lauerten die Fotografen ohne Rücksicht auf meinen Sohn und dessen Freunde vor unserem Haus, sie schämten sich auch nicht, immer wieder mit laufender Kamera an unserer Haustüre zu klingeln. Es waren exakt dieselben »Journalisten«, die mich die Jahre zuvor teilweise hochgejubelt hatten. Unser Opa postierte sich daraufhin am Eingang und drohte ihnen schließlich Prügel an, wenn sie noch einmal klingeln würden.

Friedrich Hänssler: Hat sich eigentlich RTL schon bei Ihnen entschuldigt?

Eva Herman: Nein.

Friedrich Hänssler: Haben Sie eine Antwort auf die Frage, wer so großes Interesse an Ihrer öffentlichen Demontage haben kann?

Eva Herman: Ja, das ist nicht schwierig. Alle, denen ich zu nahe trete. Das sind die Politiker, die Achtundsechziger, die Feministinnen und das sind auch die Mächtigen von Industrie und Wirtschaft, weil ich auch einfordere, dass familienfreundliche, frauenfreundliche, kinderfreundliche Systeme angeboten werden und dass Frauen nicht einfach nur deswegen in die Erwerbstätigkeit gezwungen werden dürfen, weil sie billige Arbeitskräfte, Steuerzahler und wichtige Sozialversicherungsbeitragszahler sind.

Viele Karrierefrauen sind wütend auf mich, weil sie sich auf dem Weg befinden, den ich selber bestens kenne und sie sich dabei ja durchaus wohl fühlen. Und sie empfinden es beinahe als gesellschaftlichen Abstieg, sich »nur noch« um Kinder und Bauklötzchen kümmern zu sollen. Dafür brauchen sie ja schließlich keinen akademischen Titel und sie sehen sich und ihre Ansprüche dadurch nicht hinreichend erfüllt. Dies ist ein deutliches und untrügliches Zeichen dafür, wo wir in der Gesellschaft heute stehen, dass nämlich eine Frau ihr Selbstverständnis und ihr Selbstwertgefühl nur noch aus öffentlichem Lob und aus der Beipflichtung dessen, was sie alles beruflich geleistet hat, zu ziehen scheint.

Auch diese innere Einstellung kenne ich selbst nur allzu gut. Bei aller Freude über mein ersehntes, geliebtes Kind fiel auch mir zunächst die Decke auf den Kopf. Alleine mit meinem Baby war ich in den ersten Tagen natürlich zunächst erschöpft und vor allem vollauf damit beschäftigt, mein Kind kennenzulernen und einen einigermaßen geregelten Ablauf zu entwickeln. Das ist gar nicht so einfach, wenn man selbst vorher höchst individuell lebte und keinen ausgeprägten Wert auf regelmäßige Mahlzeiten legte. Plötzlich wurde alles anders. Als ich mich mit dem Kind auf ein »normales Leben« eingepegelt hatte, begannen plötzlich die ersten Zweifel an mir zu nagen. War das jetzt alles? Windeln wechseln, stillen, vorsingen? Ich kam kaum dazu, mir selbst regelmäßig die Haare zu waschen, doch fühlte ich mich innerlich unausgefüllt. Niemand rief an, um mich zu fragen, ob ich eine wichtige Veranstaltung moderieren könnte, keiner schlug mir eine neue Sendung vor. Als das Telefon einige Wochen lang nicht geklingelt hatte, Kontakt von außen kaum mehr existierte, lagen meine Nerven blank. Nachdem der Kleine dann noch einige Nächte lang ganz und gar nicht schlafen wollte und mein Mann und ich uns die Klinke in die Hand gaben, war ich deprimiert und desillusioniert. Ich fühlte mich angekettet an mein Kind, lebendig eingeschlossen daheim, abgeschnitten von der lebendigen Welt und abgestempelt als Muttertier, für die Gesellschaft nahezu wertlos.

Oh, ja, diese Gedanken kenne ich gut, und es sind die Ängste vieler Frauen, die sie häufig gar daran hindern, überhaupt Kinder zu bekommen.

Warum fühlen Frauen heute so? Die Antwort ist ganz klar: Weil das Muttersein heutzutage kaum mehr öffentliche und gesellschaftliche Anerkennung genießt. Weil nur der etwas wert ist, der Geld verdient. Weil die Aufgabe, Kinder großzuziehen, geringschätzig betrachtet wird.

Frauen, die eigentlich gerne Kinder bekommen möchten, doch die sich mit diesen Befürchtungen herumschlagen, müssen wissen, dass diese negativen Empfindungen, in den Augen anderer versagen zu können, auch wieder vorübergehen. Dass wir uns gewöhnen an »das neue Leben«, es lieb gewinnen, weil neben den Ängsten viele neue Empfindungen entstehen und uns verändern, die wunderschön sind. Wir geraten zwar häufig an unsere Grenzen, doch sind wir in anderen unzähligen Momenten grenzenlos glücklich. Und wenn wir erst einmal über den hohen Berg der Selbstzweifel hinübergekommen sind, dann haben wir es geschafft: Wir haben eine Aufgabe überwunden, sind daran gewachsen und haben anderen Frauen etliches voraus: Wir haben nicht nur ein Kind zur Welt gebracht, sondern wir haben uns selbst bezwungen. Damit tritt Gelassenheit ein, ein Gefühl der inneren Überlegenheit, auch ein Erkennen darüber, dass wir gehorcht haben, der Natur, unserer inneren Stimme, unseren Aufgaben, vielleicht auch Gott.

Dies ist ein Prozess, den wir ganz alleine mit uns selbst ausmachen müssen, unabhängig von unserem Kind, dessen Bedürfnisse natürlich im Vordergrund stehen, und unabhängig auch von unserem Mann, der diesen Prozess zwar anders durchlebt, doch auch er verändert sich durch die einschneidenden Erfahrungen, die sich entwickeln durch seine neue Herausforderung: Verantwortung für ein neues Menschenleben zu übernehmen.

Eine Frau, eine Mutter also, die heutzutage daheimbleibt bei ihren Kindern und ihren Beruf eben Beruf sein lässt, erfährt kaum mehr öffentliche Anerkennung. Im Gegenteil: Seit Alice Schwarzer sind Mütter minderwertige Geschöpfe, die zu Hause nur noch Blumen ordnen und sich geistig zurückentwickeln. Niemand beachtet mehr dabei, welchen Reichtum es wirklich bedeutet, wenn eine Frau versucht, ihren Kindern das Beste für deren Leben mitzugeben.

Wichtig ist doch hier in Wirklichkeit außerdem die Frage: Was ist denn unsere Verantwortung als Mutter und als Vater? Nur ein Kind, egal wie, großzuziehen, gleichgültig, in welcher Fremdbetreuung es sein Kinderleben verbrachte? Oder ist es nicht viel wichtiger, den Kindern ein stabiles und geordnetes Wertesystem zu vermitteln, das wir selber vertreten und auch weiterleben lassen wollen. Das heißt, es könnte ja ebenso wichtig sein, dass man das Beste, was man hat oder was man glaubt zu haben, bemüht ist, den Kindern weiterzugeben. Tugenden wie Zuverlässigkeit, Liebe und Toleranz anderen Menschen gegenüber, wie ein festes Glaubensfundament.

Kann man dies alles im Ernst durchsetzen, wenn man die Kinder gar nicht sieht, und sie anderen Menschen überlässt? Was weiß ich denn noch über mein Kind, wenn ich das Kleine, das noch nicht einmal sprechen kann, fremden Leuten für acht Stunden am Tag, für fünf Tage die Woche übergebe? Weiß ich, was sie mit den Kindern machen und ihnen letztlich wirklich beibringen? Mich schmerzt auch die Vorstellung, dass es in dieser kurzen Zeit der Kindheit unglaublich viele wichtige Entwicklungsschritte gibt, die Sie verpassen müssen als Mutter, weil Sie schlichtweg nicht anwesend sind, während Ihr Kind sich entfaltet. Wunderbare neue Entwicklungen wie das erste Lächeln, das erste Wort oder die ersten Schritte? Stellen Sie sich vor, dass Ihr Kind zum ersten Mal das Wort Mama sagt, Mama, welch wundervoller Moment im Leben einer Mutter. Allerdings sagt es das zu einer fremden Frau, weil Sie selbst in diesem wichtigen Augenblick Meilen von ihm entfernt sind, weil Sie arbeiten müssen. Und all dies geschieht im Namen der Emanzipation und des Fortschritts. Wie armselig.

Deutsche Geschichte und ihre Folgen

Friedrich Hänssler: Noch einmal ganz dezidiert gefragt: Wie stehen Sie zu den Neonazis, dem braunen Rand unserer Gesellschaft?

Eva Herman: Seit ich angefangen hatte, ein politisches Bewusstsein zu entwickeln, das war vielleicht mit dem Beginn der 5. Klasse im Gymnasium, habe ich Fragen gestellt. Meinen Eltern, meiner Großmutter. Vor allem meiner Großmutter, weil sie das Dritte Reich sehr bewusst erlebt hat. Sie war Jahrgang 1911 gewesen. Meine Mutter wurde im Jahr 1937 geboren. Sie wiederum erlebte das Dritte Reich als kleines Kind und konnte sich fast nur noch an die Bombennächte in Berlin, wo sie damals geboren wurde und lebte, erinnern. Sie berichtete häufig von den zahllosen Nächten im Keller und von der einen, entscheidenden Nacht, in der sie und ihre Mutter ausgebombt wurden und sie ihre Heimatstadt Berlin in großer Furcht bei Nacht und Nebel in aller Eile verließen. Alle diese Schilderungen wollte ich immer wieder hören, fassungslos vor allem über die Gründe des Krieges und darüber, dass derartige Grauenhaftigkeiten möglich gewesen waren und nur so kurze Zeit zurücklagen. Mutter und Großmutter waren keine politischen Menschen, und während meine Mutter die politischen Hintergründe des Krieges zwar genau kannte, jedoch nicht viel dazu sagen wollte, erschien es mir bei meiner Großmutter, die ja letztlich beide Weltkriege mitgemacht hatte, so, dass sie alle Erlebnisse komplett verdrängt zu haben schien. Das konnte und wollte ich damals einfach nicht begreifen, und so löcherte ich sie immer wieder mit meinen Fragen nach ihrer Verantwortung. Meine Großmutter war zu jener Zeit Kindermädchen bei einer wohlhabenden, jüdischen Familie gewesen, und sie hing besonders an den Kleinen. Sie öffnete damals der Gestapo die Wohnungstür ihrer Gastfamilie und stand hilflos daneben, als alle abgeholt wurden. Möglich, dass sie ein Trauma erlitten hatte und deswegen einfach keinen Ton mehr dazu sagen wollte. Jedenfalls biss ich mir die Zähne an ihr aus. Es war so wie bei Millionen anderen jungen Menschen damals auch: Es kam eine unendliche Wut in mir hoch, als ich allmählich begriffen hatte, welches unendliche Leid passiert war. Welche Ungerechtigkeit und wie entsetzlich pervers diese Zeit gewesen war. Aus diesem Grund schloss ich mich auch Vereinen wie »Laut gegen Nazis« an, und diskutierte stets engagiert und heftig darüber, weil ich mir immer vorzustellen versuchte, wie ich wohl damals reagiert hätte.

Ich kann mich noch an einen furchtbaren Streit erinnern, den ich mit einer älteren Verwandten, mit der ich in einer fremden Stadt einkaufen gegangen war, hatte. Sie war wütend, weil sie eine Sache, ich glaube, es handelte sich um teure Ohrringe, nicht kaufen konnte, und ich ihr das Geld dafür auch nicht geben konnte. Deshalb ließ sie nun ihren Zorn an dem Verkäufer aus, den sie erst schräg anschaute und dem sie dann sagte: »Sie sind wohl auch kein Deutscher, oder?« Das war der Moment, in dem eine Sicherung bei mir durchging und ich einen Eklat mit ihr entfachte. Ich entschuldigte mich sofort für diese Bemerkung bei dem völlig entgeisterten Mann, zog die alte Dame mit festem Griff aus dem Laden. Draußen verlor ich dann fast die Nerven, schrie sie an, beschimpfte sie und ließ sie alleine stehen.

Die Ungerechtigkeit, die in dieser Zeit passierte, die ich persönlich natürlich nicht miterlebt habe, aber die ich zunehmend mehr nachfühlen konnte, hat mich immer schwer belastet. Während auch früher andere junge Leute zu mir gesagt haben: »Ja, was kümmert mich jetzt die deutsche Geschichte? Ich hab ja nicht einmal zu diesem Zeitpunkt gelebt«, war ich immer der Meinung, dass wir sehr wohl zur Verantwortung gezogen werden müssen. Es waren unsere Väter und Mütter, die diese Zeit miterlebt und teilweise auch zugelassen haben. In der Bibel steht, bis ins vierte und dritte Glied wird man die Sünden der Väter zu tragen haben. Diese Verantwortung habe ich auch übernommen, denn ich habe sie in mir empfunden und mich für das Geschehene zutiefst geschämt.

Den heutigen, manchmal völlig unbekümmerten Umgang mit deren wüsten Parolen verurteile ich ebenfalls und ich bin der festen Überzeugung, dass wir das, was passiert ist, niemals aus dem Gedächtnis verlieren dürfen und können.

Wir dürfen jedoch andererseits nicht zulassen, dass wir nun über diese Zeit ein Sprechverbot verhängen. Wie sollen wir denn überhaupt unsere Geschichte aufarbeiten, ohne sie erwähnen zu dürfen? Das ist der falsche Weg, um zu einem angemessenen Geschichtsverständnis zu gelangen. Vor allem jedoch werden unser aller Seelen niemals gesunden können, denn sie sind immer noch bis obenhin vollgestopft mit Schuldgefühlen. Und dies trennt uns nachhaltig von einem künftigen Weg, der uns wieder zueinanderführt. Und der es uns ebenso ermöglicht, uns selbst als zusammengehörige Nation einst wiederfinden zu können und ohne das Aussetzen des Herzschlages auch außerhalb einer Fußball-WM sagen zu dürfen, dass wir deutscher Abstammung sind.

Friedrich Hänssler: Können Sie das näher erklären?

Eva Herman: In der Psychotherapie sagt man: »Solange ein Mensch sich nicht selbst lieben und annehmen kann, weil er sich zu hässlich findet, zu minderwertig oder zu schuldig, kann er nicht gesund werden und so kann er auch kein glückliches Leben führen.« Der Patient Deutschland ist immer noch schwer krank. Der Patient Deutschland ist schuldig geworden und hat Schuldgefühle, liebt sich nicht und steht auch nicht zu sich. Bei allem Leid, das wir erlebt haben: unsere Eltern, unsere Großeltern und natürlich in allererster Linie die vielen Familien, die selbst und deren Angehörige auf grausame Weise gequält und zu Tode gekommen sind, müssen wir dennoch alles tun, um wieder gemeinsam an einen Tisch zu kommen. Wir müssen es möglich machen, dass wir unsere Geschichte nun auch sachlich aufarbeiten. Es darf nicht sein, dass jemand wie ich, der in seinen Büchern über die fatalen Folgen der Familienpolitik aus dem Dritten Reich schreibt, der wie ich in seinen Vorträgen und Lesungen über die Pervertierung der Familie und des Mutterbegriffs im Dritten Reich und die daraus bis heute spürbaren Folgen spricht, dass er vorsätzlich falsch verstanden und öffentlich vernichtet wird.

Solange wir nicht endlich unbeeinflusst von jeglichen Reflexen und Neurosen über unsere Geschichte debattieren können, wird unser Land definitiv nicht zur Ruhe kommen. Es ist kein Zufall, dass wir an Platz 77 sind bei 78 weltweit untersuchten Ländern in Sachen Kinder- und Familienfreundlichkeit. Es ist kein Zufall, dass wir das Land mit der niedrigsten Geburtenrate in Europa sind. Es ist kein Zufall, dass unsere Gesellschaft sich verheerend auflöst und auseinanderfällt. Es ist kein Zufall, dass fast nur Gleichgültigkeit die Antwort auf so viele drängende Probleme ist. Wir Deutsche sind schwer krank und wir müssen dringend an uns arbeiten. Das werden wir nur mit Einsicht, mit Sachlichkeit und mit Liebe füreinander schaffen, Liebe und wirklicher Reue vor allem für die vielen unschuldigen Opfer der damaligen Zeit.

Friedrich Hänssler: Sie halten uns den Spiegel vor Augen. Dabei sehen wir unerfreuliche Dinge. War es unklug, sich so weit und ungeschützt aus dem Fenster zu lehnen? Hätten Sie in unserer Konsens- und Wohlfühlgesellschaft nicht vorher Verbündete suchen sollen, die Sie in Ihrem Kampf unterstützen?

Eva Herman: Verbündete hätten mich nicht schützen können, denn meine Verbündeten wären niemals die Feministinnen gewesen. Und kaum eine Macht dieses Landes kommt inzwischen gegen diese Lobby an.

Friedrich Hänssler: In der öffentlichen Kampagne gegen Sie haben Sie unerwünschte »Trittbrettfahrer« aus der rechten Szene bekommen. Wie wehren Sie sich gegen eine solche versuchte Vereinnahmung durch Rechtsextreme? Zum Beispiel, wenn Sie in einem Aufmacher in der deutschen Nationalzeitung auf Seite 1 erscheinen?

Eva Herman: Ich habe inzwischen Gerichtsurteile in der Hand, die es zum Beispiel der DVU ausdrücklich verbieten, meinen Namen zu benutzen. Rechtsextreme Gruppen haben sich ja leider sofort die Situation zu eigen gemacht und für kurze Zeit meinen Namen für ihre Zwecke zu missbrauchen versucht. Dagegen habe ich sofort geklagt. Es war zunächst alles entsetzlich. Ich hatte alles versucht, es mit juristischen Mitteln zu regeln. Zuvor hatte ich, wie ich schon erwähnte, in der Schlussbemerkung meines letzten Buches geschrieben, dass ich mich von allen Links- und Rechtsradikalen deutlich distanziere: »Wer meine Gedanken und wer meine Thesen und meine Bücher und meinen Namen vereinnahmen möchte für links- oder rechtsradikale Ziele, tut dies ausdrücklich gegen meinen Willen.« So steht es dort.

Als ich anfangs sofort versuchte, gegen die DVU und gegen die NPD juristisch vorzugehen, machten einige Gerichte ganz einfach nicht mit. Sie gaben zur Antwort: »Ja, wenn die DVU für Sie demonstrieren will, dann darf man denen das doch nicht verbieten. Oder wenn die NPD mit Ihnen und Ihrer Familienpolitik wirbt, dagegen können wir nichts tun.« Das heißt, ich war zunächst gescheitert. Doch haben meine Anwälte und ich uns nicht damit zufriedengegeben. Und schließlich errangen wir dann doch endlich die notwendigen Erfolge.

Ich glaube, inzwischen haben die rechten Parteien selbst begriffen, dass ich mit denen nichts am Hut habe, sondern im Gegenteil, ihre erklärte Gegnerin bin. Bei jeder Gelegenheit, die sich mir nur bietet, wettere ich gegen sie und haue ihnen um die Ohren, was ich von ihnen halte. Dass ich mit ihnen auf keinen Fall etwas zu tun haben will. Ich hoffe und glaube inzwischen, dass sich das endlich herumgesprochen hat.

Unterstützende Hilfe

Friedrich Hänssler: *Wenn ich das alles so höre, was Sie berichten, frage ich mich, wer Ihnen die Kraft gab, das Durchstehvermögen, diese Medienkampagne bis heute durchzuhalten. Hatten Sie Freunde, die zu Ihnen standen? Bekamen Sie Ermutigung aus der Menge der Fernsehzuschauer?*

Eva Herman: Ja, ich bekam von den Menschen, von den Zuschauern beeindruckend viel Unterstützung. Seit dem Erscheinen des »Eva-Prinzips« erhielt ich bis heute etwa 50.000 Zuschriften, die zu 95 Prozent positiv sind und unterstützend, die mir nicht nur drei Sätze geschrieben haben: »Machen Sie weiter so, wir finden das gut«, sondern die selber in aller Regel ihre Sicht der Dinge, eigene Lebensentwürfe schilderten. Viele berichteten über ihre Ansichten, was ihre Lebensplanung angeht, über mögliche Veränderungen, die ausgelöst wurden durch das, was ich auch schreibe. Und sie sprachen mir Mut zu, durchzuhalten. Die allermeisten von ihnen brachten klar zum Ausdruck, dass sie die öffentliche Hexenjagd verurteilten und dass sie sehr wohl wüssten, dass meine politische Einstellung einwandfrei ist.

Das ist das eine, und es hat mir immer sehr geholfen. Der Trost und Zuspruch kam vorwiegend in Form von Briefen und E-Mails, und viele Menschen versuchten mich aufzurichten, indem sie für mich beteten. Eine ungeheure Hilfe, wie sich das so mancher kaum vorstellen kann. Hier kam fühlbare Kraft zu mir, die mir und meiner Familie half, die schlimmste Zeit zu überstehen.

Die traurige Seite ist, dass ich allerdings auch einige Menschen verlor auf diesem Weg. Das ist aber anscheinend eine ganz normale natürliche Auslese in einem solch umwälzenden Prozess. Es trennt sich die Spreu vom Weizen, wie es auch in der Bibel heißt, wenn es um das jüngste Gericht geht. Im gleichen Zuge kamen jedoch wie durch ein Wunder neue, starke Menschen hinzu, die sich im Sturm an meine Seite stellten und mich mit aller Kraft festhielten, als mich die anderen abfliegen lassen wollten.

Friedrich Hänssler: Haben Sie von Menschen und Gruppen Unterstützung erfahren, mit denen Sie gar nicht gerechnet haben?

Eva Herman: Ja, und es handelt sich zum allergrößten Teil um Christen, und zwar überkonfessionell, aus allen kirchlichen und freikirchlichen Bereichen. Viele von ihnen kämpfen selbst für ähnliche Ziele, und einige von ihnen haben ebenfalls eigene negative Erfahrungen gemacht, wenn sie mit solchen Themen an die Öffentlichkeit gegangen waren. Sie haben mich deswegen gestützt. Aber viele tun es auch deswegen, weil sie erkennen, dass nun eine Zeit angebrochen ist, in der wir alle unsere Kräfte bündeln müssen. Damit wir auch etwas erreichen können. Und damit es nicht immer nur bei dem einsamen Ruf in der Wüste bleibt.

Friedrich Hänssler: Haben Sie den Eindruck, da bricht etwas auf? Haben Politiker oder Parteien schon reagiert? Vielleicht auch Frau von der Leyen, unsere Bundesfamilienministerin?

Eva Herman: Auf jeden Fall bewegt sich etwas. Es gibt bereits namhafte Vereine und Organisationen, die nichts anderes tun, als aufzuklären. Ich möchte das Familiennetzwerk Deutschland herausgreifen, welches durchaus politisch arbeitet und der Regierung hin und wieder das Leben bereits ganz schön erschwert. Ebenso gibt es zahlreiche Vereine, die sich für den Schutz der Ehe und Familie, jedoch auch für das werdende Leben einsetzen, welches ja auch schwer gefährdet ist in unseren heutigen »fortschrittlichen« Zeiten. Durch den Umstand, dass Abtreibungen heutzutage mehr oder weniger lediglich nur noch als Instrument der Familienplanung angesehen werden und immer weniger ethisch und moralisch hinterfragt werden, dies alles jedoch völlig legalisiert ist, sind wir inzwischen in der fatalen Lage, dass wir in etwa die gleiche Menge Schwangerschaftsabbrüche verzeichnen müssen, wie uns jährlich Kinder für eine stabile Geburtenrate fehlen. Dies alles sind die alarmierenden Zeichen unserer »befreiten« Gesellschaft, die sich im Namen der persönlichen Individualität und sogenannten Freiheit zunehmend loslöst von jeglicher Verantwortung für werdendes und bereits bestehendes Leben.

Gottes Führung

Friedrich Hänssler: In Ihren Publikationen und auch bei Ihren Vorträgen sprechen Sie von Gott. Sie sind deswegen auch schon ausgelacht worden. Wie gibt Gott Ihnen Kraft für Ihre Aufgabe?

Eva Herman: Hundertprozentig gibt Gott mir Kraft. Er ist die Motivation für meine Veränderung, für meine Bücher. Er oder besser gesagt, die Liebe zu ihm, die ich finden durfte, sie hat mehr oder weniger alles Verändernde ausgelöst. Es gab Begebenheiten, vielleicht Formen von Offenbarungen, die sehr persönlich und ausgesprochen besonders waren, und die mir klar zeigten, dass ich meinen Weg nur noch zu ihm gehen kann. Mir ist klar, dass ich mich in unsere bestehende Menschengemeinschaft einfügen muss, und das werde ich auch immer tun, solange ich dabei den Geboten Gottes folgen kann. Wenn ich jedoch erkenne, dass ich mich in einer Gesellschaft befinde, die Gott zunehmend vernachlässigt oder Gott gar leugnet, dann fühle ich mich an diese Menschen nicht mehr in der Form gebunden, dass mir ihre Forderungen vor den Geboten Gottes wichtiger sein könnten. Ich unterwerfe mich alleine ihm, dem Allmächtigen, weil ich weiß, dass ich nur bei ihm gut aufgehoben bin und somit seinen Willen erfülle. Meine Aufgabe ist es, ihm zu dienen. Es ist tatsächlich so, dass ich im momentanen Konstrukt unserer gesellschaftspolitischen Konstellation das Erkennen unseres Schöpfers an allen Ecken und Enden vermisse, und deswegen auch darüber spreche und schreibe. Selbst in die Europäische Verfassung hat man Gott erst gleich gar nicht aufgenommen. Die Menschen sind anscheinend der Ansicht, sie kämen ohne ihn klar. Ich sage mit meinen Büchern ganz deutlich aus, dass wir hier in diesem Land gegen seine Gebote, gegen seine Gesetze und gegen seinen Willen verstoßen, und ich bringe zum Ausdruck, dass ich das nicht mitmache.

Friedrich Hänssler: Seit wann hat der christliche Glauben einen solchen Stellenwert bei Ihnen? Gab es da ein Damaskus-Erlebnis?

Eva Herman: Wie ich schon sagte, es gab mehrere Augenblicke des Gotterkennens, und sie werden immer häufiger. Es ging schon vor langer Zeit los, doch seit einigen Jahren gehen meine Empfindungen dabei sehr in die Tiefe, sie werden zu Erkenntnissen. Es sind ausgesprochen wertvolle und sehr besondere Momente, die mich jedes Mal tief erschüttern und die mir keine andere Wahl mehr lassen, als diesen einen Weg bis zum Ende zu gehen. Es ist dies die größte Gnade, die einem Menschen hier auf Erden widerfahren kann.

Friedrich Hänssler: Sie hatten deshalb immer wieder Spott zu ertragen über Ihr öffentliches Bekenntnis zum Glauben an Gott. Was bedeutet Gott für sie persönlich?

Eva Herman: Er ist die größte Kraft für mich, in mir und über mir. Der größte Trost in allen Zeiten. Wo immer ich bin, selbst wenn man mich einsperren und in Ketten legen würde, könnte ich zu ihm beten. Somit kann ich immer und überall seine größte Kraft empfangen. Und es ist durchaus so, dass ich das manchmal auch dringend brauche. Ohne Gebete, ohne die Verbindung zu Gott könnte ich nicht mehr sein. Er ist jederzeit anwesend für mich, jederzeit spürbar und in vielen Situationen, in denen es vielleicht für manche Menschen fast aussichtslos gewesen wäre, hilft er mir und beschützt mich. Nehmen wir mal diese Kerner-Sendung. Sie konnte ich nur überstehen, indem ich einfach betete. Ich habe mir die Sendung später noch einmal angesehen. Und kann meinen Kritikern nicht einmal verübeln, dass sie dachten, ich sei zeitweise geistig abwesend gewesen, denn ich habe häufig gebetet. So erhielt ich die erforderliche Kraft, um das alles mit geradem Rücken durchzustehen.

Friedrich Hänssler: Wie gehen Ihre früheren Freunde damit um? Statt Karriere Familie. Statt Esoterik christlicher Glaube. Und das alles nicht oberflächlich, sondern konsequent ...

Eva Herman: Wer mich wirklich mag, akzeptiert diese Entwicklung. Doch wie schon erwähnt, hat es einige Leute aus meinem früheren Leben, vor allem die Kollegen aus dem Fernsehen, irritiert und sie haben ihre Konsequenzen gezogen.

Friedrich Hänssler: Die Botschaft von Jesus Christus brachte der Welt nicht nur die Erlösung von Sünde und Schuld, sondern – erstmals in der Menschheitsgeschichte – auch die Aufwertung der Frau in der Gesellschaft. Was bedeutet Ihnen das?

Eva Herman: Jesus Christus war in der Tat derjenige, der zum ersten Mal die Frau als Gegenüber ernst nahm und sehr offensichtlich wertschätzte, nehmen wir Maria von Bethanien oder Maria Magdalena. Auch das biblische Beispiel der Ehebrecherin weist auf einen Umgang hin, mit dem der Gottessohn damals deutliche Zeichen setzte. Christus gab ihr, als sie Reue zeigte, den ernsten Hinweis: »Geh hin und sündige hinfort nicht mehr.« Doch wurde sie weder gesteinigt noch auf eine andere Weise öffentlich hingerichtet, wie es ihr ansonsten widerfahren wäre.

Es war weder im Alten Rom noch im Antiken Griechenland üblich, Frauen überhaupt als ernst zu nehmende Gesprächspartnerinnen anzusehen. Doch Jesus Christus führte nachweislich zahlreiche Gespräche mit Frauen, die durchaus zum Teil philosophischen Charakter hatten.

Die Frage heute stellt sich, ob die Aufwertung der Frau durch Christus in der Gesellschaft überhaupt erkannt und richtig verstanden worden ist. Es ist anzunehmen, dass Christus in dem Beispiel der Ehebrecherin jener Frau die offensichtliche und klare Wertschätzung entgegenbrachte, weil er eben genau auf die widrigen Umstände gegen die Frauen in der damaligen Zeit aufmerksam machen wollte. Doch schließlich wurden die Frauen nach der Sendung des Gottessohnes weiterhin unterdrückt und falsch eingeschätzt.

An vielen Stellen der Gottesbotschaft finden wir klare Hinweise darauf, dass die Frau ein anderes Geschöpf ist als der Mann. Sie hat ein feineres Empfinden und Verständnis, und damit sind besondere Aufgaben verbunden, sie ist mehr oder weniger das Bindeglied zwischen Himmel und Erde, was durch ihre feinen Sensoren und ihre Empfindsamkeit zum Ausdruck kommt. Deswegen wurde ihr die eigentlich höchste Aufgabe zugedacht, durch ihr außerordentliches Empfindungsvermögen nämlich segensreich auf die Menschen zu wirken und natürlich auch die Familien mit diesen besonderen Gaben gedeihlich zusammenzuhalten. Nicht umsonst heißt es im Volksmund: »Hinter einem erfolgreichen Mann steht eine starke Frau.« Die Aufgabe der Frau besteht eindeutig nicht darin, sich ausschließlich um ihre eigene Entfaltung und das Erreichen ihrer beruflichen Ziele zu kümmern. Das Empfinden der modernen Gesellschaft allerdings macht es kaum noch möglich, darüber überhaupt laut nachzudenken, geschweige denn, dies einzufordern.

Friedrich Hänssler: Noch einmal nachgefragt: Was bedeutet Ihnen als Frau Jesus Christus?

Eva Herman: Jesus Christus ist der Sohn Gottes, den er in Liebe zu uns sandte, damit die Menschheit, die ja auch in dieser Zeit tief gefallen war, aufmerksam werden sollte. Die Gesetze Gottes wurden den Menschen durch Mose schon etwa 1300 Jahre zuvor gegeben. Für eine Weile haben die Menschen diese Gesetze Gottes anerkannt, also seinen Willen. Jesus ist von Gott geschickt worden, damit er uns sein Wort bringt, damit wir Gott durch Jesus erkennen können. Er sagt ja auch: »Niemand kommt zum Vater denn durch mich.« Damit ist natürlich auch gemeint, dass er uns das brachte, was sein Vater wollte, damit wir dessen Willen endlich erkennen. Wir sind damit nicht besonders gut umgegangen. Wir haben Jesus ans Kreuz gebracht. Die unendliche Liebe Gottes zeigt sich in dem Ringen seines Sohnes, und sie zeigt sich für mich persönlich täglich viele Male. Wenn ich mit Jesus spreche, ist es immer ein Gefühl der Liebe, ein tiefes Gefühl der Wärme und Dankbarkeit, weil er erkennbar aus der Liebe seines Vaters, des allmächtigen Schöpfers zu uns kam.

Friedrich Hänssler: Von Ihnen stammt die Formulierung: »Die Entscheidung für Kinder, für eine Familie, für die Gemeinschaft, für die Liebe zu den Menschen ist auch eine Geste der Hoffnung und des festen Glaubens an die Liebe Gottes.« Wie fest ist Ihr Glaube?

Eva Herman: Mich hat neulich mal jemand gefragt: »Glauben Sie an Gott?« Dann habe ich gesagt: »Nein!« Als er mich daraufhin etwas irritiert anschaute, antwortete ich: »Ich bin überzeugt von seiner Anwesenheit.« Für mich steht felsenfest, dass wir uns alle in seiner Hand befinden. Und es macht mich traurig, dass wir ihn so enttäuschen in dieser Zeit. Ich versuche meinen Teil dazu beizutragen, dass Menschen, die sich nicht trauen, sich zum Glauben zu bekennen, mehr Mut dadurch bekommen. Sie können erkennen, dass ich es ja auch tue und egal, wie oft ich angegriffen werde, trotzdem weiter meinen Weg zu ihm beschreite. Meine Überzeugung von Gottes Anwesenheit ist mir zur wichtigsten Lebensgrundlage geworden. Das war vor zwanzig Jahren sicher noch nicht so stark ausgebildet. Aber durch das Erleben einiger Dinge, die für mich sehr erstaunlich waren, und die viel mit meinen Gebeten zu tun hatten, ist diese feste Überzeugung entstanden. Manchmal denkt man, dass Wunder geschehen, doch letztlich sind die Geschehnisse einfach »nur« deutliche Zeichen von Gottes Liebe.

Schlussgedanken

Friedrich Hänssler: Ihre klaren Vorstellungen von Familie, Ihr Plädoyer für die Familie sind mutig. Sie haben den Mut gegen den Strom der fremdgesteuerten Meinungen zu schwimmen. Deshalb zum Schluss noch ein paar ganz persönliche Fragen. Wie können Sie entspannen?

Eva Herman: In der Natur, beim Lesen oder bei guter klassischer Musik. Zum Beispiel bei Beethovens Siebter, dem Allegretto, oder einem Lieblingsstück von Massenet, es heißt Meditation. Aber am allerliebsten bin ich draußen.

Friedrich Hänssler: Was macht Eva Herman privat?

Eva Herman: Privat lebt sie mit Mann, Kind, Schwiegervater und drei Hunden und sie lebt ein ganz normales und lustiges Familienleben. Wenn ich Zeit habe, das heißt Muße, dann lese ich, und zwar leidenschaftlich. Ich selber brauche keinen Fernseher. Früher durfte ich das öffentlich so nicht formulieren, weil ich beim Fernsehen arbeitete. Heute kann ich ohne Probleme darüber sprechen, dass ich so gut wie überhaupt nicht Fernsehen schaue – nur in sehr seltenen Fällen. Und dass es mich ganz zufrieden macht, dass ich diese wilde, unruhige Welt, die stets in unsere Wohnzimmer getragen wird, nicht mit ansehen muss.

Friedrich Hänssler: Und wenn der Fernseher läuft, was schauen Sie dann an?

Eva Herman: Aus alter Gewohnheit die Tagesschau. Und Natur- oder Geschichtssendungen. Früher sah ich mir noch ganz gerne politische Sendungen an, doch auch darauf verzichte ich zunehmend. Die Politiker sagen eh immer dasselbe, nur ändern tun sie meist wenig.

Friedrich Hänssler: In all den Schwierigkeiten, die Sie erlebten, gab es da einen Moment, als Sie überlegten: »Schluss, jetzt reicht's: Ich wandere aus.«

Eva Herman: Ja, in der letzten Zeit hab ich mir öfter darüber Gedanken gemacht. Aber mein Sohn geht noch zur Schule und ist sehr verbunden dort, Hamburg ist seine Geburtsstadt, seine Heimat. Er liebt sie. So wird dies erst möglich sein, wenn er groß ist. Doch dann könnte das durchaus geschehen.

Friedrich Hänssler: Und Sie fühlen sich in Hamburg nach wie vor wohl?

Eva Herman: Wir fühlen uns wohl, weil Hamburg eine sehr, sehr schöne Stadt ist, und ich liebe auch die Elbe, sie ist ein ganz besonderer Fluss mit einer enormen Ausstrahlung. Aber wir sind in den letzten Jahren sehr häufig in den österreichischen und Schweizer Bergen und da schlägt mein Herz noch um einiges höher.

Friedrich Hänssler: Und warum? Ist es das Naturschauspiel?

Eva Herman: Ja, dort gibt es noch viel unberührte Natur, und man ist weitab von all den Problemen, die den Menschen ihr Dasein heute nicht gerade erleichtern.

Friedrich Hänssler: Welche Vorbilder haben Sie?

Eva Herman: Es sind zumeist Menschen, über die man nicht öffentlich spricht. Zum Bespiel ältere Frauen, die ihr Leben anderen Menschen widmen, die für sie da sind, ohne danach zu fragen, welchen eigenen Nutzen sie davon haben. Oder mein Schwiegervater, der sich um unsere Hunde und den Garten kümmert, immer gut gelaunt und friedlich gestimmt ist. Oder meine Mutter, die seit ihrem Tod vor wenigen Monaten zunehmend mehr Einfluss auf mich ausübt. Erst als sie nicht mehr hier auf der Erde weilte, erkannte ich, wie rein sie in Wahrheit war. Niemals trank sie Alkohol oder rauchte, all die modischen Erscheinungen ließen sie immer gleichgültig und feste moralische Grundsätze gehörten zu ihrem selbstverständlichen Sein. Wenn ich mir im Vergleich heute die vielen ehrgeizigen und selbstbestimmten Frauen ansehe, die ihre Mutterschaft als zweit- oder drittrangig neben der Entwicklung ihrer persönlich motivierten Karriere betrachten, möchte ich manchmal weinen. Und bin dankbar, eine solch gute Mutter gehabt haben zu dürfen.

Friedrich Hänssler: Was ist Ihnen für die nächsten Jahre wichtig?

Eva Herman: Das fortzuführen, was ich jetzt tue, an meiner eigenen inneren Entwicklung zu arbeiten und vor allem meinem Sohn ein gutes Rüstzeug mitzugeben, dass er dann irgendwann alleine fest steht.

Friedrich Hänssler: Vielleicht gehen Sie selbst in die Politik? Gab es schon Angebote?

Eva Herman: Ja, die gab es, doch sie sind nicht interessant für mich. Ich möchte niemals an ein Parteiprogramm gebunden sein und vielleicht auch etwas unterstützen müssen, zu dem ich nicht hundert Prozent stehen kann.

Friedrich Hänssler: Sie engagieren sich stark in Familienthemen. Gibt es auch noch andere Themen, die Sie stark beschäftigen?

Eva Herman: Ja, das ist Gott und seine Schöpfung. Wir Erdlinge werden niemals in der Lage sein, auch nur ein Hundertstel dessen zu begreifen, was er in seiner großen Genialität geschaffen hat. Seine lückenlosen Gesetze zu erkennen, auf immer neuen Gebieten, das fasziniert mich sehr. Auf diese Weise kommt man ins Forschen, ob es sich um biologische, chemische oder physikalische Grundlagen handelt.

Friedrich Hänssler: Welchen persönlichen Wunsch haben Sie für die Zukunft für sich und für Ihre Familie?

Eva Herman: Ich hoffe, dass wir alle möglichst gesund, innerlich mit Gott verbunden, viele fröhliche Stunden gemeinsam erleben und uns weiterentwickeln dürfen. Das wünsche ich mir für meine Familie und für mich.

Friedrich Hänssler: Vielen Dank für das Gespräch! Gottes Segen für Sie, Frau Herman.

Vita von Eva Herman

Eva Herman wurde am 9. November 1958 in Emden geboren. Nach einer Ausbildung im Hotelfach ging sie 1983 zum Bayerischen Rundfunk.

Dort absolvierte sie drei Jahre lang eine journalistische Ausbildung in der aktuellen Redaktion des Bayerischen Fernsehens. Bei Dieter Traupe, dem Sprecherchef des BR, wurde sie mehrere Jahre lang zur Sprecherin ausgebildet. Daneben moderierte sie aktuelle und tägliche Sendungen bei Bayern 3 und arbeitete als Sprecherin und Moderatorin im Bayerischen Fernsehen. Sie erstellte ebenso Hörfunk- und TV-Beiträge.

1988 wechselte Eva Herman nach Hamburg zum Norddeutschen Rundfunk.

Von 1989 an arbeitete sie als Tagesschau-Sprecherin im festen Team bis 2007. Zusätzlich war sie viele Jahre bei NDR 2, dem populären Radio-Sender, als Moderatorin tätig. Sie führte durch zahlreiche Sendungen der ARD und der Regionalprogramme.

Durch die aktuelle Abendsendung »DAS« im NDR-Fernsehen, die sie fünf Jahre lang wochenweise moderierte, wurde sie in Norddeutschland bekannt.

Ebenfalls beim NDR bekam sie 1997 gemeinsam mit ihrer Kollegin Bettina Tietjen ihre eigene Talkshow »Herman & Tietjen«. Diese Sendung lief mit großem Erfolg im Abendprogramm des NDR-Fernsehens und feierte 2007 das zehnjährige Bestehen.

Im Frühjahr 2001 erschien ihr erster Roman »Dann kamst du« im Hoffmann und Campe Verlag, der ein Bestseller wurde und zwei Jahre später für die ARD verfilmt worden ist. Es folgten weitere Sachbücher, unter anderem »Vom Glück des Stillens« und der Bestseller »Das Eva-Prinzip«, der in mehreren

Ländern für Aufsehen sorgte – setzt er sich doch kritisch mit der heutigen Rolle der Frau auseinander. Im Herbst 2007 erschien ein weiteres Sachbuch: »Das Prinzip Arche-Noah«. Hierin geht es um die Gefahren des Auseinanderfalls der Gesellschaft durch fehlende familiäre Bindungen.

Auf der Pressekonferenz zu diesem Buch kam es am 6. September 2007 zu einem landesweiten Eklat: Durch falsches Zitieren ihrer Aussagen durch eine einzige Journalistin wurde ihr öffentlich ein angebliches Lob der Familienpolitik im Dritten Reich unterstellt. Ihr Arbeitgeber NDR kündigte sie darauf fristlos. Nach eindeutigen, sprachwissenschaftlichen Gutachten, die sie gänzlich entlasteten und nach mehreren juristischen Auseinandersetzungen errang sie eindeutige Gerichtsurteile, die sie von diesen Vorwürfen freisprechen.

Eva Herman lebt in Hamburg, ist verheiratet und hat einen Sohn.